要完勝這場人生戰役
首要克服自己的心魔

本書以深入淺白編寫，讓讀者感悟，學習超凡智慧，擺脫煩躁憂慮情緒。

重置
純淨心

形而上學

著 —— 無尼寺

一位智者的修行心路歷程的證悟寫實

瑜伽哲學，是寬大智慧、虔誠心靈信仰，對上蒼、宇宙和自我的純淨感知，是對靈性追求者的最佳良藥

一生必讀
的
生命指南

目／錄

MOYAN CULTURE

THE SOURCE OF RELIGIOUS PHILOSOPHY

前／言

在人類社會的今天，人們大多數關心的是社會的物質文明，而忽略了心靈上的精神文明。我認為一個健康完美的社會文明，心靈上的精神文明是不可缺席的。人一生的可貴，在於擁有奎師那知覺——靈魂覺悟。人類追求心靈上的精神文明是其生命展示的原生態。因而，人類的物質文明必須是建立在心靈覺性之上，體現於精神文明常在心身的快樂中。這是健康完美的社會文明。如果一個人得不到心靈快樂上的滿足，再多的物質擁有，他的一生都會黯然失色。因為物質追求的欲望都會讓人醉生夢死。所以，對於一個文明社會發展而言，人類心靈上的精神文明要比物質生活文明顯得重要多了。

《形而學用》就是關於人該要有的那個精神文明心靈建設的論述。所謂心靈建設，就是我們如何從心靈深處得到奎師那知覺的精神救贖。也就是奎師那知覺它是人類社會精神文明的心靈支柱。何謂奎師那知覺呢？「奎師那知覺」在人的身軀裏——它是表現為心靈覺性；在人的身軀外——它表現為感官知覺；在人的感官頭腦認識上——它表現為超然知識。因而，作為高等生物的人類，必須是精神文明於物質社會的活動中。不然，他的生命是虛空的。也就是說，單一的社會物質文明生活，只有帶來是人心浮躁和人們的意識形態低下；單一的社會物質文明結構，也很容易造成社會動蕩。所以今天，我們在追求物質文明的同時，心靈方面的精神文明構建是不可缺席的。

所謂「形而學用」，「形」是指有形的軀體；「形而學」是指人的求知本能；「用」是指人對知識本能的運用。正所謂形而上道為知覺，形而下用為知識。也就是說，天地間（**形而上道**）的奎師那知覺之大宇宙，對應人世間（**形而下用**）的知識之小宇宙之間的知覺關聯。意思說，作為高等生物人，我們對奎師那知覺的認知——是具有本能性和必然性。所以，我們可以通過這《形而學用》一書的研習，便能全面地瞭解奎師那知覺與我們人類之間的關係。

書中內容是圍繞著以下幾點：就是奎師那知覺（即心靈覺性）它與人的生命活動是如何地息息相關的；生物是如何地來自源頭上帝奎師那的知覺游離；物質宇宙是如何地誕生於上帝奎師那的超然主宰化身（三洋維施努）；其中孕誕之洋維施努又如何創造了「梵天」（即造物主）和人類始祖「布茹阿瑪」；還有人的意識形態、微小獨立性、心意、感官、智性和假我等這些的生命組合，在整個物質生命中它是如何產生業力的、如何構成因果循環的、以及奎師那知覺又如何與之互聯等一系列的人類超然知識一一展開了論述。

《形而學用》一書，它是應對那些追求心靈文明的學者和修行者而面世的。這些的超然知識或許能滿足於他們精神上心靈救贖的渴求，從而踏上心靈回歸之路。這是《形而學用》一書的誕生之緣。

宇宙知覺同一根　奎師那上帝同一意
梵音念頌奎師那　世間俗稱上帝也
主宰造化都是祂　運作維繫也是祂
因而稱主奎師那　一切因由祂知覺
知覺衍生萬事物　萬事物裏藏知覺
知覺就是奎師那　上帝名叫奎師那

——無尼寺

第 1 章

宇／宙／創／造／者

第1章 宇宙創造者

在《博伽梵歌釋義》裏「物質能力（主奎師那）和物質能量（幸運女神）的組合——就是宇宙運作的物質力量」這句話怎麼地理解呢？這是從宇宙創造的角度去理解的。所謂組合，是指物質創造者（上帝奎師那）自身的知覺創造能力——體現在祂主宰的物質能力和物質能量上。也就是說，宇宙內所有的物質展示——都源自於祂的知覺創造能力。我想，能力與能量是沒什麼不好理解的。也許是「幸運女神」這個名詞比較難理解。

首先，我們要瞭解「物質能力」和「物質能量」的從屬關係。關於物質能力（上帝奎師那）和物質能量（幸運女神），實質是創造者（上帝奎師那）在宇宙運作中所展示的不同身份而已。全息知覺之主奎師那——即為主宰者，物質能量展示之幸運女神——即為掌控者。能力創造者與能量掌控者實際就是一個能力者的知覺展示。也就是說，能量是從屬於能力者的，或產生於能力者的。所以，物質能量本身——亦即能力者本身。換句話說，一個全息知覺人格主體，祂的能力必然體現在祂的能量展示之物質宇宙的創造上。因而，物質宇宙展示，就是人格主體（上帝奎師那）的知覺能量體現。即物質宇宙本身——就是一個全息知覺人格的能量載體，或展示空間。所以，物質宇宙能量本身，就是其人格主體能力的物質展示。換句話說，人格主體能力展示之物質宇宙能量展示，就是其宇宙運作的物質力量。

所謂物質力量，就是整個物質宇宙展示運作的物質動能。即人格主體能力與物質能量之組合。一句話就是，物質能量——來源於人格主體能力，人格主體能力——必然於物質能量展示，物質能量展示——體現於宇宙運作之動能力量。這就是「物質能力（上帝奎師那）和物質能量（幸運女神）的組合——就是宇宙運作的物質力量」之理解。

那麼，知覺能量在物質創造上，就是以能量展示為物質造化。所謂物質宇宙，就是物質能量的展示嘛。這個物質能量，跟物理學上的物質能量名詞，不是一個概念。物理學上的「能量」概念，是指物質運動之間相互作用轉化的量和能。它是人類思維對物質運動的理解，是人類思維反映的一個宇宙觀的概念。而主奎師那的物質能量，是指知覺展示的物質造化能量；它是一切物質存在和展示的源頭。是一個宇宙空間概念。

那麼，宇宙觀與宇宙空間，它是兩個不同的概念；宇宙觀——是感官思維概念，而宇宙空間——是全息知覺概念。所謂全息知覺，就是其奎師那知覺的能量本身——即物質宇宙空間展示。也就是說，宇宙空間本身，是所有能量的載體或存有之地。換句話來說，能量是宇宙空間的內容。所以，能量與空間，實質就是物質宇宙本身。即一個全息知覺人格的概念——稱上帝奎師那。

宇宙空間的能量是什麼呢？就是可移動的，或可變化的宇宙物質知覺。它是宇宙內一切物質形成的「能」。所謂「能」，即全息知覺人格主體（**主奎師那**）的物質能力。這個物質能力所體現出來的就是物質能量展示嘛。那麼，物質能量展示的物質世界，相對本體知覺，它就是一種虛和實的物質世界。怎麼理解呢？

所謂「虛」，是相對本體知覺永恆性而言的。即指物質世界的虛幻不永恆。所以，物質展示期內的一切物質存在，皆為物質能量展示的虛幻期。

所謂「實」，是相對生命感官世界而言的，即指物質世界乃是現實的。所以，物質感官世界的現實存在，就是物質自然的展示期。所謂物質虛幻期與物質自然展示期，實質就是物質能量掌控與運作的展示。所以，物質能量又稱為虛幻能量，它是物質自然的能量源頭。是物質世界存在的本質能量。

那麼，整個物質宇宙生生不息的周而復始中，運作與維繫——體現在物質能力者主奎師那的全息知覺人格上。物質自然掌控——體現在祂的物質虛幻能量作用在生物感官的知覺上。這就是全息知覺人格主體的物質能力。當這一物質能力展示於物質宇宙時，就是知覺能量與物質能量的組合——稱至尊人格性。

所謂至尊人格性，是相對人類感官思維理解而命名的。如果以一個人來理解這一全息知覺人格主體的話，祂就像一個宇宙巨人一樣，以祂的人格能力——去主宰這個物質宇宙。也就是宇宙的一切展示、運作、維繫，都來自於祂的人格性。「性」即造化也。這個造化本身，就是祂的一種宇宙力量。

因此，物質宇宙的千姿百態，雖是物質能量的使然，但維繫其周而復始循環不息的物質宇宙的運作，就是靠宇宙主宰者的人格力量來驅使的。

綜合概述，物質宇宙的存在、運作、且周而復始地循環不息，全因是至尊人格（上帝奎師那）的人格力量使然。而宇宙內的物質創造和生命造化，是由祂的全然知覺擴展——超然主宰人格神（三洋維施努）的「物質能力」使然。至於物質宇宙千姿百態的造化，就是其超然主宰人格神的三大物質能量化身使然。換言之，人格力量與物質能力，實質就是同一個知覺人格主（上帝奎師那）。只是「超然主宰化身」是祂的人格力量——展示於物質創造的一個能量身份而已。怎麼理解呢？

所謂物質創造能量身份，就是一個身份的稱謂嘛，意思說即一即異。就好比一個人，在生命過程中有多個的展示身份，如子女、父母、兄弟、姐妹、叔叔、阿姨等這些活動展示的稱謂。也就是說，同一個的個體生命——就是即一，展示多個活動身份——就是即異。這樣地打比方，我們就比較容易理解了。所謂這些身份，是自然產生的。即社會或家庭的需要而存在而展示。這些活動身份的產生，並沒有改變這一個人的生命本質——即靈與物的組合。也就是說，這些社會或家庭身份，是本個體生命的一個現象展示罷了。然而，雖然是一個現象展示，但是它與本體生命也是息息相關的。也就是緣於人具有個體人格生命，他才有展示或存在之可能性。所以，主奎師那的「超然主宰化身」同樣道理。超然主宰化身的物質能量身份，與上帝奎師那全息知覺本體的人格力量也是息息相關的。即源於主奎師那祂的「人格力量」擴展為超然主宰化身。而這一物質創造能量身份，亦是因其物質宇宙展示而展示。

相對物質宇宙的造化，祂（**超然主宰化身**）就是全息知覺本體（**上帝奎師那**）的人格性展示。這裏有個概念我們要理清楚的，就是人格力量和人格性的區別：人格力量——是具有擴展身份的化身，而人格性——即具有物質主宰能力。所以，超然主宰化身，實質就是物質創造的至尊人格性（**亦稱至尊人格神**）。

之所以主奎師那祂要擴展自己的身份，就是因為物質宇宙的展示、運作、維繫——需要人格的主宰能力。所以，主奎師那就這樣擴展為具有物質主宰能力的至尊人格神——即超然主宰化身（**三洋維施努**）。

關於知覺總體與能力本體的關係：主奎師那是「知覺總體」，超然主宰化身是「能力本體」。也就是說，在宇宙創造前，祂是一個全息知覺總體；當宇宙展示時，主奎師那才把自己擴展為一個具有創造能力的人格本體——超然主宰化身（稱至尊人格神）。然後，當進行物質創造時，祂又以超然主宰化身的人格性（即「能力本體」）——再擴展為三大洋維施努（即原因之洋維施努、孕誕之洋維施努、明白之洋維施努）。這三大洋維施努，是主奎師那創造的三大物質造化的功能化身。分別為物質掌控、物質維繫、物質毀滅。

雖說三大洋維施努是主奎師那物質能力創造的功能化身。然而，三大洋維施努與超然主宰化身還是有點不同的；超然主宰化身——是「知覺人格力量」的擴展，而三大洋維施努——是祂「能力本體」的能量擴展。怎麼理解呢？

在物質宇宙展示中，超然主宰化身——是代表主奎師那的人格性；三大洋維施努——是代表主奎師那的物質創造能力。所以，超然主宰化身——為至尊人格神，三大洋維施努——為宇宙展示能量神。那麼，至尊人格神與宇宙展示能量神，即為主奎師那宇宙展示中——創造與造化和能力與能量的展示。如何理解和區別呢？人格神（**即人格性**）——是具有宇宙主宰和創造的能力，而能量神——只是具有掌控能量之物質造化。

從至尊人格性來說，超然主宰化身（**即至尊人格神**）——是主奎師那宇宙展示的主宰者；而三大洋維施努（**即知覺能量神**）——是主奎師那宇宙展示的能量掌控者。

從物質展示方面來說，三大洋維施努——屬於主奎師那的「物質能力」擴展（**即至尊人格神的擴展**）；但從知覺方面來說，三大洋維施努又屬於主奎師那的「知覺能量」拓展。這裏說的拓展是什麼意思呢？它跟擴展有點不一樣。擴展是自身本體力量的一個延伸；也就是擴展的超然主宰化身，基本上就是主奎師那本人，所以叫至尊人格主。而「知覺能量」拓展呢？就是對物質展示的延伸進行定位和實施的能量拓展。也就是說，三大洋維施努——是主奎師那知覺能量具體實施物質展示時，所拓展的能量掌控者（**即原因之洋維施努、孕誕之洋維施努、明白之洋維施努**）。所以，三大洋維施努——屬於造化功能展示的化身（**是非人格性的**）；而超然主宰化身祂是全然知覺本體的延伸，屬於能量主宰化身（**是人格性的**）。

那麼，功能展示化身和能量主宰化身有什麼不同呢？功能展示化身（**三大洋維施努**）是實施物質造化的。負責宇宙內所有的物質展示。而能量主宰化身（**即超然主宰化身**）是主宰和布控整個物質宇宙的生息運作、創造與毀滅。是人格性能力的展示。因此，超然主宰化身——是整個物質宇宙的主宰者。三大洋維施努——是物質展示的執行者。這些宇宙化身展示，體現了主奎師那本體知覺的原有屬性和獨立存在的特質。

我們對主奎師那的「能量」有所瞭解後，就比較好理解「女神」這個身份了。所謂女神，就是主奎師那的知覺展示為祂的能量時——所顯現的女性形象。說白了，知覺就是祂的體，能量就是祂的能力；當祂的力量展示在物質世界時，知覺是根（**隱形的**），能量是知覺的內容（**展示的**）。也就是說，「知覺的祂」展示著不顯的展示，「能量的祂」展示在宇宙的每一個角落。換句話說，「知覺的祂」——永恆地在靈性世界展示著；「能量的祂」——是在物質世界展示的，便以「女性」形象代表著祂的物質自然。

對於物質世界而言，「知覺的祂」和「能量的祂」，就像一對情侶，展示於創造與造化中。從物質宇宙展示的本源來看，「知覺」就是創造——即為天或為乾（**代表男性**）；能量就是造化——即為地或為坤（**代表女性**），所以有大地母親這一說。也就是說，大地就像宇宙子宮一樣，所有物質生命都在大地上孕育的。「女神」就這樣代表著主奎師那創造的——物質能量展示。也就是在物質自然中，祂把自己展示為「女性」——代表著造化的虛幻能量。

在物質宇宙外（**即靈性世界**），主奎師那是知覺的源頭。祂的本體展示為「男性」，祂的能量展示為「女性」。這是主奎師那創造展示的一個物質造化原則。因此，地球上展示的所有生命體，就有男女之相和雌雄之分了。

所謂幸運女神，也就是主奎師那的物質能量化身。其實，祂的能量化身有好多個，每一個女神都是一個能量形體，每一個能量形體至少是四臂以上的人形體。這些多臂形象，是按不同功能的維施努——顯現不同的多臂女神能量形體。也就是說，在物質宇宙展示中，主奎師那每展示一個維施努，同時也伴隨著一個能量女神。這些女神，實際是祂擴展的維施努的一個能量形象。所以，不同功能的維施努，就有不同功能的能量女神展示。

然而，所有女神展示，都來自於本體主奎師那的首位女神（納茹阿妲）。祂是宇宙創造的至尊女神。所謂至尊女神，就是主奎師那創造宇宙所展示的至尊能量。換句話說，當至尊能量以人格展示時，就是至尊女神了。所以，至尊女神就像永恆的伴侶一樣，哪里有主奎師那，哪里就有祂的女神。至於其他女神都一樣，都是從至尊能量的至尊女神（納茹阿妲）擴展而來的。當主奎師那擴展第一個超然主宰化身（至尊人格神）時，至尊女神（納茹阿妲）也同時擴展為祂的能量化身女神。比如，物質創造女神（杜爾嘎）、幸運女神（拉珂施蜜）等不同能量展示的形象女神。這種知覺和能量的宇宙展示，就叫「物質能力（奎師那）」和「物質能量（幸運女神）」的組合；亦即每一個維施努所展示的能量，就是本維施努的能量女神。這就是宇宙運作的整個能力和能量的體現。也就是能力者（主奎師那）的創造——體現在能量者（至尊女神）的造化實施上。

在宇宙展示中，創造展示的物質能量女神（杜爾嘎），是掌管整個物質自然的。祂是超然主宰人格神（大維施努）展示的能量女神。超然主宰人格神（大維施努）是主奎師那直接擴展的首位能量維施努。祂是一切物質創造、物質展示和物質生命因果循環之源頭。而物質能量女神（**杜爾嘎**）也是至尊女神（**納茹阿妲**）的首個擴展女神。接著下來，三洋維施努展示的能量女神，都叫幸運女神。

綜上所述。所謂女神，實質就是主奎師那擴展的所有維施努知覺展示的能量操控者。怎麼理解呢？在物質宇宙展示中，維施努是主奎師那的知覺本體，而維施努的展示能量——則稱能量女神。

在物質宇宙裏，知覺和能量是一體的，不同維施努就有不同的展示女神。一句話，「女神」就是主奎師那的能量展示的代名詞。即主奎師那靈性知覺展示於物質世界的祂——自我區別的一個稱謂。

主奎師那直接擴展的首位能量維施努——即超然主宰化身，又叫三洋維施努。之所以稱三洋維施努，就是超然主宰化身為執行物質展示和能量造化而擴展出原因之洋維施努、孕誕之洋維施努、明白之洋維施努這三大洋維施努。

原因之洋維施努——是祂掌控物質創造能量的功能化身，祂展示的物質能量（**稱為虛幻能量**），其化身代表——即為物質創造女神（**杜爾嘎**）；

孕誕之洋維施努——是祂掌控造化生物之孕誕化身，祂孕誕的第一個生物——即為人類始祖（布茹阿瑪）；明白之洋維施努——是祂掌控生物靈性知覺的超靈化身（摩延奎師那）。這三大洋維施努中，原因之洋維施努之虛幻能量是構建整個物質世界的因由。其物質存在的自然屬性為——善良形態、情欲形態、愚昧形態（稱物質自然三形態）；孕誕之洋維施努的物質展示是生物誕生的因由——即物質生命的孕誕通道；明白之洋維施努的靈性知覺是所有生物活靈活現之源泉——即眾生物的知覺靈能。從這些屬性功能中我們就知道，這三大洋維施努都是祂的人格性能力拓展之能量化身維施努。所謂能量化身維施努，就是祂的本體至尊能量的展示。

綜上歸納。全息知覺本體（主奎師那）——就是整個宇宙展示的幕後總指揮；宇宙內的主宰操控——就是祂的全然擴展超然主宰化身（稱至尊人格主或至尊人格神）。那麼，主宰和操控下面，就是祂的能量展示於宇宙內各個的掌控神；掌控神下面，就是祂的能量造化實施——即宇宙管理。一層一層的布控——主宰著整個物質宇宙，這就是主奎師那人格力量的絕對權威。

在整個能量布控中，有的是祂直接主宰操控的，如原因之洋維施努和明白之洋維施努，就是祂本尊直接運作掌控的。有的是授權掌控，如孕誕之洋維施努——祂孕誕的第一個生物布茹阿瑪，便是祂的授權掌控。即授權「布茹阿瑪」去實施管理眾生物的「隱」和「顯」的造化（亦即生命之生與死），包括所有物質生命形態的動、植物。因此，「布茹阿瑪」的物質屬性，便是「梵天」的激情屬性或情欲形態。這裏要細說一下，因為「梵天」與「布茹阿瑪」都產生於蓮花之上，所以我們會很容易混淆為同一個。到底「梵天」與「布茹阿瑪」是否同屬一個呢？這又說到一個從屬關係了。

首先，我們要瞭解「布茹阿瑪」的身世，他是人類的始祖。雖說「布茹阿瑪」是授權實施管理宇宙生物。但在整個物質造化中，都是來自於孕誕之洋維施努的物質創造能量而造化的。那就是創造與造化的關係。即造化因創造而演化。所謂造化，就是物質展示的具體化嘛。也就是說，只有創造的本體（主奎師那），才有造化之實體（梵天）。所謂授權「布茹阿瑪」實施管理，實質是授權創造的具體化——即掌控與實施並聯。這個並聯展示在物質自然裏就叫「梵天」。梵——是指生物，天——是指天地。所謂「梵天」，就是主奎師那物質創造的人格體現。所以「梵天」，實質是祂掌管物質創造的一個情欲形態身份。也就是說，在物質自然屬性裏，「梵天」是情欲形態的掌控者——具體展示為物質創造。所以「梵天」是造物主，不是生物。這點我們要理清楚的。不然，我們對「梵天」與「布茹阿瑪」很容易混為一談。因為「梵天」與「布茹阿瑪」都誕生於孕誕之洋維施努的肚臍上。所以，我們很容易把他們的身份混淆。其實，「梵天」與「布茹阿瑪」是一個創造與造的關係。

的確，在主奎師那的整個宇宙展示中，這部分是比較複雜的。那「梵天」的身世怎麼來的呢？就是孕誕之洋維施努肚臍上的那朵蓮花。之所以叫「梵天」，就是這朵蓮花展開後成為物質造化之天地。所以「梵天」——即為天穹和眾生物造化之場地。那「布茹阿瑪」呢？他是蓮花中間的那個蓮蓬。也就是說，有了「梵天」（即這朵蓮花打開了以後）「布茹阿瑪」才呈現。換句話說，先有「梵天」，後有「布茹阿瑪」。所以，嚴格上「梵天」與「布茹阿瑪」不是同一個。這是物質宇宙創造的一個小機密。

「梵天」與「布茹阿瑪」的從屬關係是這樣的：在宇宙創造之初，孕誕之洋維施努在祂的肚臍上孕誕出一朵蓮花。當時蓮花還沒有完全打開，至尊人格主奎師那把祂的物質創造能量——灌入到那個蓮花蕾上；此時，蓮花蕾便打開成為了一朵蓮花（即梵天開始展示）。接著，主奎師那又把心意能量放進蓮花的中間，然後再把造化的主體能量（靈氣）也放上去；頓時，心意和主體能量在這朵蓮花上便形成了一股強大的造化能量。這股強大的造化能量，便是整個物質宇宙展示的動因能量。有了這動因能量，下來的一切物質造化展示——就從這裏開始。也就是在心意和主體（靈氣）的強大造化動因能量下，這朵蓮花瞬間「嗅姆伽」一聲破綻開來，天穹便出現了。此間，孕誕之洋上展露出一朵中間坐著一個盤著腿的四面頭的蓮花，這朵蓮花就代表著「梵天」。而蓮花那個瞬間破綻打開時，所發出的「嗅姆伽」——便是這物質宇宙的原始音振。這原始音振，就是下來一切物質展示的聲源。也就是說，當蓮花有了心意和靈氣後，「布茹阿瑪」才開始被造化。因此就有——先有「梵天」，後有「布茹阿瑪」這一說。所以，整朵蓮花的心意和靈氣這股動因能量——就是「布茹阿瑪」造化的總體能量。

所謂「布茹阿瑪」造化總體能量，就是宇宙所有生物體的造化能量。亦即一切物質展示和生物體的造化源頭。這就是「布茹阿瑪」和「梵天」的由來。因此，蓮花就代表著「梵天」或「梵」的境界。這就是佛教為什麼總以蓮花去代表修行境界的原由。

那麼「布茹阿瑪」是第一個生物這一稱謂，怎麼地理解呢？也就是至尊人格主宰師那在創造第一個生物時，就是通過「梵天」的「布茹阿瑪總能量」進行分解（**即人格化**）；它分解為心（**意**）、靈（**氣**）、聲（**音**）、身（**體**）、聞（**受**）、理（**思**）這六大物質造化能量。所以，「布茹阿瑪」就代表著這六個造化能量；每一個造化能量代表著至尊人格主宰師那展示的生物造化光色；分別為藍、紅、紫、綠、白、黃這六種光色，每一個的「生物光色」代表著一個能量體系。然而，就是因為心意和靈氣是整個「布茹阿瑪」的主體能量。人們就很容易把「梵天」（**即物質創造**）和「布茹阿瑪」（**即能量代表**）這兩個的展示稱謂混為一談。其實「梵天」和「布茹阿瑪」是有區別的。

「梵天」和「布茹阿瑪」的區別就在於物質能量總展示和生物展示。確切來說，「梵天」亦就是「布茹阿瑪總能量」（**即物質創造展示**）——稱之為造物之主。而「布茹阿瑪」是總能量所分解的心（**意**）、靈（**氣**）、聲（音）、身（體）、聞（受）、理（思）這六大造化能量——為生物體的代表。即代表物質展示的生物體之人類特徵。所以，就有「布茹阿瑪」是人類始祖一說。

從宇宙創造來說，心意和靈氣——是創造的因根，「布茹阿瑪」的六大造化能量——是創造之因生。所以，「梵天」的心（意）——是代表物質創造之用。「布茹阿瑪」的心（意）——是代表生物體人類的主體功能特徵之用。換句話說，人類的心意，是物質創造之用的人格個體展示。怎麼理解呢？也就是說，至尊人格主奎師那祂的主體心意創造之妙用——不但體現於梵（精微物質），還體現在娑婆世界（粗糙物質）的生物體（人）之中。你看，人類心意是不是有著改變或「創造」事物的本能呢？所以，人類心意的本質，實際是至尊人格性——心意創造的縮影。因此，人類的心意——應該是要常處在奎師那知覺上。否則，心意便處於愚昧形態中。

為什麼人類的心意，往往都用在以主人自居的行為上——去做一些違反自然規律的事呢？就是因為物質自然三形態，遮蔽了生物體（人）的心意——本該用來覺悟奎師那知覺的緣故，使其處於情欲與愚昧之中。這就是為什麼要強調——生物體（人）要修心的必要性。也就是說，人類的心意要善用，才是符合主奎師那衪的人格心意創造的本意——靈魂覺悟。

關於「布茹阿瑪」六個光色體系的展示，它是眾生物的因生本色。什麼意思呢？就是說，在布茹阿瑪造化能量場——梵天（即造物主）造化時所決定的功能本色。前面說過了，每一個光色都代表著「布茹阿瑪」的每一個分解能量的功能本色。

也就是說，在至尊人格主奎師那的布控下，梵天這個能量造化場，是所有生物都要經由這個能量造化而來。也就是當「布茹阿瑪整體總能量」分解後，具有心（意）、靈（氣）、聲（音）、身（體）、聞（受）、理（思）這集於一身的「梵天」，在至尊人格主奎師那的靈性笛子聲音指令下，整個梵天的能量造化場就運轉起來——即開始進行宇宙創造和物質能量造化。這個「梵天能量造化場」（簡稱「梵」），它在造化時，大概有點像颱風形成時的颱風漩渦一樣，旁邊會出現很多微粒不停地轉動；這些不停轉動的微粒就是一種宇宙知覺靈能。這些的知覺靈能，就是至尊人格主奎師那投入的游離知覺與「梵」能量形成的一種知覺靈能——叫能量梵。

在宇宙形成之初，這些宇宙知覺靈能，經歷能量場造化後，進入宇宙展示——成為能量梵。即生物個體展示之前的本色梵光能量。也就是說，所有生物個體展示前，都從「布茹阿瑪」六光色體系而來。那麼，「布茹阿瑪」六光色體系，是在宇宙展示的哪個界面呢？是在梵界的二十六層。

此時，至尊人格主奎師那，把這些游離知覺能量梵進行規劃、分配後，以建立三大王朝著稱。所謂建立三大王朝，就是物質宇宙「能量梵」所展示的規劃佈局。即至尊人格主奎師那根據祂的「能量梵」規劃佈局，把已造化好的「游離知覺能量梵」劃分為三大能量團——作為三大王朝建制。這三大王朝便奠定了人類發展初期的社會活動模式。也就是有了這些「能量梵」劃分好的三大王朝之後，物質自然展示的一切物質形態，才能與之互動——形成生生不息的物質世界。這三大王朝對應的物質自然所產生的——就是物質自然三形態。這就是物質世界的雛形展示。

在三大王朝社會劃分初期，是還沒有個體生物展示的。當時只有六種光色展示的梵。後來至尊人格主奎師那把這些不同光色的梵，按布茹阿瑪能量分解為心（意）、靈（氣）、聲（音）、身（體）、聞（受）、理（思）進行造化系列地歸類。然後，每一個造化生物——都按其造化需要來分配到此系列中進行修煉。藍光生物梵——修心，紅光生物梵——修靈，紫光生物梵——修聲，綠光生物梵——修身，白光生物梵——修聞，黃光生物梵——修理；並制定了這六大修煉系列的宇宙法則和修煉等級的境界（**統稱為梵界**）。這就是整個「布茹阿瑪能量」分解造化成——六大生物體系的實相。

所謂六大生物體系，亦即布茹阿瑪能量梵。這布茹阿瑪能量梵造化的六大生物體系——稱布茹阿瑪六兄弟，代表著造物主物質創造的生物體。所以，下來的所有生物體的造化，都由布茹阿瑪六兄弟去顯化和管理。就這樣，這六兄弟便成為了六大生物體系的教主。這是生物修煉前（**即降生前**）梵生物的境況。

所以，降生前的生物在梵的時候，只是一種光色展示，還沒有個體（**即生物體**）的相展示。也就是說，生物是要經歷娑婆世界的人間修煉，才有個體之相。因此，造物主為了造化生物，便創造了娑婆世界。有了娑婆世界這個修煉之地，眾生物便降生到娑婆世界來了。從此，生物體就這樣繁衍開來。也就是說，眾生物經歷過娑婆世界修煉——有了生物之相後，生物在梵裏才顯有生物的個體之相。

從原始生態生物體（即大型動物）過渡到人類群體。在這個時間裏，物質自然三形態就逐步形成顯現。也就是說，物質自然三形態，是隨著人類群體活動的意識形態而隨之顯現的。之所以叫物質自然三形態，就是人類個體活動的自然意識。它是物質自然賦予人類的一種意識形態，它表現為善良形態、情欲形態、愚昧形態。

然而，這三種形態到了鐵器時代的人類社會時期，整個物質自然三形態才完全展示開來的。什麼意思呢？就是說，開始的原始社會人類群居生活是一種整體善良意識。隨著人類社會活動意識的增強，在社會發展中，個人意識的情欲形態在人的心意活動中，慢慢自然形成一種社會主流意識；此時原有的整體善良意識形態，便受到衝擊而被打破。也就是說，隨著個人意識的情欲形態的增強，社會生產力之生產、物資、產品或商品開始個體化——即開始有商人。有了商人就有買賣；有了買賣，整個社會意識形態就會發生變化。在這種社會意識形態發展下，人類活動的整體意識便邁向個體意識；

隨之而來的社會意識形態，就是情欲形態佔主導。所以，當情欲意識形態佔主導時，人與人之間就會產生紛爭，群體與群體之間就會發生戰爭。古史《博伽梵歌》記載的那場庫茹之戰，就是在王朝社會發展的後期（紛爭年代）產生的。在這順便說一下「博伽梵歌」的意思和意義。

「博伽梵歌」的「博伽」——是指至尊人格；「梵」——是指知覺能量所展示的靈能；「博伽梵」——是指至尊人格性展示的宇宙能量；「歌」——是唱頌的意思。整個「博伽梵歌」標題的意思，就是關於至尊人格主奎師那和祂在梵展示的知覺能量的一部唱頌記載史傳。所謂唱頌記載史傳，即是用聲音展示下來的史載。所以，古史《博伽梵歌》有著深遠的人類歷史意義和人生哲學的影響力。它記載了宇宙生物、生命、軀體和靈魂的相互關係與本質。是關乎著每一個生物體（人）認知奎師那知覺和靈魂覺醒——所必修的一部知覺經典。

如是「博伽梵歌」是宇宙之歌，那麼「博伽梵歌釋義」便是宇宙之真理。怎麼說呢？所謂宇宙之歌，就是聲音能量嘛；所謂宇宙之真理，就是超然知識嘛。兩者是一致的。也許大家會發現，這裏寫的「博伽梵歌」或「博伽梵歌釋義」為什麼都不用書名號表示，而是用雙引號。就是要告訴大家，知覺經典它不是簡單的一部讀本，它還承載著奎師那知覺能量。「讀本」與「知覺能量」是兩個概念。「讀本」就是可看得見的文字概念——是感官頭腦認識的東西；也就是一種心意互動——是「意識」層面的。而「知覺能量」是看不見的能量展示——是內心理解的超然知識；也就是一種知覺心互動——是「知覺」層面的。所以兩者不一樣。也就是說，在宇宙間，一部經典，它能有深遠的歷史意義和影響力，不是它的文字。而是它的能量本身。就是這個能量讓你看進去，而且莫名地喜歡或吸引你，這個就是共性知覺之能量產生的共鳴——叫超然知識。簡而言之，古史《博伽梵歌》就是關於「博伽」和「梵」的知覺和能量的展示。也許有人會問，「博伽梵歌」到底是在上面展示的，還是在下面展示的呢？它是上下面一起展示的。也就是說，「博伽梵歌」作為主奎師那的能量展示，肯定是在上面展示的。《博伽梵歌》裏作為教化眾生的範例——阿爾諸那覺醒的現象，肯定是在下面展示的。也就是下面展示的是一種能量現象，上面展示的是一種知覺能量。這是《博伽梵歌》與其它經典的不同之處。

「博伽梵歌」的展示，恰恰說明了物質世界的一切物質現象，其背後實質是一種能量使然。也就是能量是一切物質現象展示的背書。所以，「博伽梵歌」本身，就是主奎師那知覺能量的展示。因而，「博伽梵歌」那場庫茹之戰的實景和內涵，不是以眼見為實的感官頭腦所能理解的。

關於「梵天」的創造與「布茹阿瑪」的造化，綜上概述，「梵天」的創造——即為至尊人格主祂展示的人格神。也就是說，至尊人格主——是物質創造的能力主宰者，人格神——是具體物質能量操控者，兩者是創造與實施的關係。即整個宇宙的具體展示和執行也就是主宰（**指揮**）與操控（**實施**）的宇宙統一。

至尊人格主的能量展示——就叫至尊人格神。至尊人格神——是半神人的最高統領。換句話說，所有半神人都是至尊人格主的宇宙功能實施的能量神。所以說，「梵天」就是至尊人格主的能量展示的一個能量半神人。

所謂半神人，意思是一半是人（**即代表人格**），一半是神（**即具有實施和掌控能量**）的能量神。「梵天」實際就是這樣的一個半神人，承載著至尊人格主奎師那的創造能量。也就是自從「嗅姆伽」這個原始音振造化能量創造了天地以後，一切就從「梵天」開始。因此，「梵天」便是宇宙創造之神。又因為「梵天」承載著至尊人格主奎師那的創造能量。所以，又稱為造物主。

造物主與至尊人格主的關係是；造物主——即具體能量造化的操控者；至尊人格主——是主宰宇宙創造的能力者，二者是能量與能力的關係。

在整個物質宇宙創造中，就是即一即異的關係。「即一」就是同一個主奎師那的宇宙展示能量；「即異」就是同一展示下的另一個展示身份，也就是物質展示之「創」與「造」的自然體現。打個比方說，一個人他要去創業，從開始的企劃構思（即「創」），到企劃實施（即「造」）這個階段，他是不是都不能離開參與的呢？如果沒有他的參與，他的企劃就不能實施。所以，這個參與本身，就是一個企劃實施者嘛。也就是從一個企劃者身份變成一個實施者身份。然後，企劃實施中的營運管理者，他可以自己兼職，也可以聘用他人。當聘用他人時，只是權責授予他人去營運管理而已，其本人的操控實施者身份還是沒有變的嘛。從這個例子，我們就比較好理解了，「梵天」實質就是能力者主奎師那——體現出來的一個實施者身份。當祂的實施計劃運作時，「布茹阿瑪」就是祂授權的管理者。這就是創造（即梵天）

和造化（即布茹阿瑪）的宇宙創造展示實相。也就是說，「梵天」和「布茹阿瑪」各自有著不一樣的宇宙展示角色；「梵天」是半神人，「布茹阿瑪」是生物。所以，在這個「創」與「造」的概念中，人們常常很容易把兩者混淆。原因是「梵天」和「布茹阿瑪」都產生於蓮花之上。即一切都從這朵蓮花開始的緣故。所以，在佛教經典裏，素有蓮花代表或形容一個人的修行品格和境界，如上品、中品、下品來形容修行的結果就是緣於這朵蓮花的緣故。這是孕誕之洋維施努展示的情欲形態掌控者「梵天」的創造和授權實施管理的「布茹阿瑪」的概況。

那麼，善良形態的掌控者是誰呢？是明白之洋維施努。祂以其本尊知覺能量展現為「超靈」放射到每一個生物體裏——對應其靈魂知覺。所謂本尊知覺能量，即明白之洋維施努本體知覺能量。明白之洋維施努是超然主宰化身（即三洋維施努）擴展的其中一洋維施努。祂的展示功能——就是應對生物體的靈魂（簡稱個體靈魂）。換言之，「超靈」是個體靈魂生命知覺的靈能。明白之洋維施努的知覺能量，與孕誕之洋維施努的知覺能量不一樣。孕誕之洋維施努的知覺能量，是物質創造（即孕誕創造了「梵天」和「布茹阿瑪」）。所以，其展示的是——物質知覺能量。而明白之洋維施努的知覺能量，是照耀其生命展示中的個體靈魂。所以，其展示的是——知覺能量本身，是主奎師那全息知覺的一個知覺能量通道。

所謂超靈，實質就是知覺能量展示。所以說，善良形態——是明白之洋維施努直接掌控的。為什麼祂能直接掌控呢？那是因為「超靈」展示的——是奎師那知覺本身。所以直接就可以與個體純靈知覺產生互動——使其靈魂覺悟；又因為明白之洋維施努本身，是主奎師那的一個知覺通道。所以，祂的知覺能量光燦——就能直接放射到眾生的靈魂中——展示生命，而不需要以另一個展示身份——來承載展示。也許大家會問，那這個「超靈」本身，不就是一個展示身份嗎？不是。「超靈」是主奎師那的知覺放射能量——即本知覺能量。

「超靈」是指明白之洋維施努展示出來的那個知覺照耀能量。為什麼叫「超靈」呢？那是因為知覺照耀能量，是對個體靈魂覺悟的一個照應。相對個體靈魂來說，這知覺的照耀能量——就是個體靈魂純靈知覺的靈能。所以叫「超靈」。

之所以稱超靈，那是因為祂的知覺照耀能量，直接就可以放射到所有個體生物上——與其個體靈魂相照應。

之所以不需要以另一個展示身份來承載祂的展示。那是因為明白之洋維施努本身，就是主奎師那知覺展示的一個能量通道；只要眾生與祂的絕對奉獻者或知覺明師聯誼，其知覺能量就能直接通達。

之所以叫明白之洋維施努，那是因為主奎師那祂經由這個通道——與祂的游離知覺（**純靈或生物**）相呼應，使其靈魂自我覺悟。

所以，「超靈」不是另一個展示身份。可以說是主奎師那的知覺能量代名詞。「超靈」跟「梵天」的展示不一樣。「超靈」展示的是明白之洋維施努本知覺的本能量（**稱知覺能量**）。「梵天」展示的是知覺的物質能量（**稱物質知覺能量**）。

其實，物質世界的所有一切展示，都是知覺能量的展示。只是在物質展示時，主奎師那的知覺能量不能直接地去展示物質造化。因而，必須要通過另一種代理展示方式去展示祂的物質造化。也就是說，知覺只是展示宇宙的空間存有，不直接創造物質。為什麼呢？因為創造物質必須是物質能量。也就是說，只有物質能量才能直接地展示物質。因而，在物質展示時，便需要一個物質展示的載體去創造物質。「梵天」就是這樣一個創造物質的身份。所以「梵天」代表著激情屬性。換言之，在物質宇宙中，物質能量——代表主宰師那祂的物質展示；知覺能量——代表主宰師那祂的靈性展示。因此，相對靈性世界的主宰師那，「超靈」就是祂的知覺——在物質世界直接展示的——靈性能量；半神人「梵天」，就是祂的知覺在物質世界——間接展示的——物質能量。所以「梵天」就是造物的「主」。這就是主宰師那的知覺——在物質世界直接掌控和間接掌控的原委。

那麼，物質自然屬性中的愚昧形態，又是誰掌管的呢？是「希瓦」。祂既是愚昧形態代表者，又是物質毀滅的執行者。像「梵天」一樣，是宇宙的一個能量神。但是，「希瓦」跟「梵天」的知覺展示能量也有點不一樣。「梵天」的知覺展示能量——是物質創造；而「希瓦」的知覺展示能量——是物質毀滅（即物質能量歸於不展示）。所謂物質能量歸於不展示，就是以物質暗能量的存在。也就是這個展示與不展示是相對的。即主宰師那這個知覺展示能量，以不同的展示形式存在罷了。

「希瓦」的愚昧形態，就是暗能量展示中的一種負面能量。怎麼理解呢？就是相對物質展示的一種不顯的展示方式——存在於物質自然中——以愚昧形態出現。之所以說它暗能量，是因為它的不顯示——而又作用到每一個生物體和主控著——物質的展示與消亡。即展示時，是一種負能量；不展示時，是一種暗能量。這就是「希瓦」能量不同展示的存在形式。

所以，對於生物體（人）來說，「希瓦」展示的暗能量——是一種負面能量（**即愚昧形態**），它讓人失去鬥志或跌落無明的愚鈍之中。對於物質自然來說，暗能量的展示形式——就是一個倒計時，它讓一切物質自然更替——即展示與消亡。從宇宙的展示觀來看，暗能量就是一切物質展示與消亡的幕後操控者——叫「希瓦」。

所以，在宇宙能量展示中，「希瓦」的暗能量，是一種「隱性」展示；「梵天」的物質能量，是一種「顯性」展示。因而，在主奎師那的整個知覺能量展示中，「希瓦」與「梵天」是知覺能量的隱與顯的關係；「希瓦」與「超靈」是知覺能量的反與正的關係。

從這些展示關係來看，在物質宇宙裏，主奎師那知覺展示的能量便有：

物質知覺能量（**即造化能量**）、靈性知覺能量（**即生物覺悟能量**）、知覺暗能量（**即永恆時間**）。那麼，在這三個知覺能量中，唯獨物質知覺能量，主奎師那是以另一個展示身份（**梵天**）去掌管的，其餘兩個——靈性知覺能量和知覺暗能量，都是由至尊人格神（即超然主宰大化身）直接掌管。所以，「超靈」（**即知覺能量化身**）和「希瓦」（**即毀滅能量神**）就是本體的主奎師那，是知覺的「主」。相對之下，「梵天」是本體主奎師那展示的——造物之「主」。

在整個物質宇宙展示中，「知覺暗能量」就像永恆時間——掌控著物質自然，掌控著物質自然的顯和隱的週期。那麼，「毀滅能量」就是「永恆時間」中——物質展示週期的制約能量。所謂週期制約能量，就是掌控宇宙的（**金銀銅鐵**）四個年代運作的週期展示。那麼，制約時間——是物質自然毀滅的制約能量。也就是說，制約時間——就是物質展示不永恆之因由。這裏有一個很重要的概念，就是制約時間與永恆時間。這個大家可能比較難理解的。所謂「永恆時間」，它是指展示與不展示的辯證關係；即永恆——是制約的因，制約——是永恆存在的果。比如，當物質毀滅時——

即說明展示週期已到；這個展示週期——便是「永恆時間」中的「制約時間」，物質毀滅——就是「永恆時間」存在之制約的結果。也就是說，所有物質——都因物質能量展示而展示；當物質能量歸於不展示時，所有物質現象和粗糙物質體——便毀於一旦。這就是物質毀滅的實相。

所以，在「永恆時間」到期的制約下的物質毀滅，實質就是物質歸於不展示。即以暗能量形式存在而已，而不是物質能量毀滅——沒有了。否則，「知覺暗能量」是一個「永恆時間」那就不成立了。

從物質的展示到末期物質毀滅，再到返還原初這一過程，就是「永恆時間」的制約作用。即從物質展示期——金銀銅鐵四個展示時段來說，黃金時期為物質展示的開始，鐵器時期為物質展示的末期，末期盡頭為物質不展示；這樣周而復始的永恆循環，這都是「永恆時間」制約作用。其實這個「永恆時間」，是主奎師那的至尊人格性（創造、毀滅、再創造、再毀滅之周而復始）的宇宙展示。亦是祂的物質創造能力和祂的知覺永恆性的體現。

這個「永恆時間」的概念，與我們人類的時間概念不一樣。「永恆時間」不是一個時間的概念。它猶如一個展示銀幕，所有物質展示都在這個銀幕裏顯示一樣。如果以物質現象來形容的話，「永恆時間」就像是一個圓圈，沒有始，也沒有終。金銀銅鐵四個展示時段，就像圈裏的四段線，永遠地在這個圈裏運行。這個圈就是「永恆時間」的概念理解。

之所以叫「永恆時間」，也是相對宇宙時間內的物質展示規律而言的。其實，時間這個概念本身，是沒有永恆的。時間，它是一個有始有終的物質現象，時間過去了就過去了；今天過的時間跟昨天過的時間雖是一樣長短，但時間段的內容也許不一樣。所以，就有今天的時間段和昨天的時間段之區別之分嘛。這是世間的時間概念。但知覺展示的永恆時間，是指知覺的永恆性。因此，「永恆時間」它不是一個時間的概念，它是一個知覺展示的制約能量，是主宰師那一個強大的知覺展示能量。

為什麼宇宙要毀滅呢？毀滅就是為了下一個的創造。也恰恰說明了「永恆時間」的知覺內涵 —— 就是有創造必然有毀滅。同時，也反映著物質本性的自然定律。「希瓦」就是主宰師那宇宙展示的毀滅能量。

至於「希瓦」為什麼代表愚昧形態呢？那是因為「希瓦」的毀滅能量，在物質自然的展示中，是一種負能量。這負能量與靈魂知覺的正能量恰恰是相反的。怎麼理解？也就是當一個人的靈魂知覺（**正能量**）受遮蔽時，正是這一愚昧形態的負能量所起的遮蔽作用。對於一個生物體（人）來說，遮蔽，就是指他的靈魂知覺在黑暗無明中——不能自我覺悟。這樣的人生是愚昧無知的。所以，愚昧，是靈魂知覺的負能量。也就是說，愚昧和毀滅在物質展示中，都是一種負能量。只不過所指的對象不一樣而已；愚昧——是指對個人行為或物質現象而言，毀滅——是指對事物、實體或一個國家而言。這就是負能量在物質自然中的物質表現形式。

怎麼理解負能量與暗能量呢？它們是同一個意思嗎？應該這樣說，它們是一個展示，兩個含義。所謂一個展示，就是知覺能量展示；所謂兩個含義，就是指意識形態中的愚昧形態（**即負能量**）和知覺能量的另一面（**即暗能量**）。怎麼理解呢？就是對應所表達的對象不一樣。負能量——是對應表達人的心境。暗能量——是對應表達宇宙空間。譬如，一個人的心境處於愚昧無知時，就是負能量作用產生的一種意識形態；在物質自然中——稱之為愚昧形態。這個應該大家好理解的。而暗能量呢？可能有些難理解。暗能量是相對宇宙空間中的物質展示能量而言的。所謂暗，即一種不展示的展示。也就是說，在物質宇宙中，有展示能量（即物質展示）與不展示能量（即暗能量）之分。那麼，能量和宇宙空間，它是宇宙展示的兩個組成部分。能量——是宇宙空間的內容，宇宙空間——是能量的載體。也就是能量展示與不展示——都發生於宇宙空間內。換言之，宇宙空間——就是物質展示與暗能量不展示的場所。所以，物質消失或毀滅時，它的物質能量，是仍然存在於宇宙空間裏的。也就是說，物質消失或毀滅，正是宇宙空間「暗能量」的展示——使之物質消失或毀滅（看不見）。所以，這個暗能量展示，實質是知覺能量不展示的展示。它是知覺展示中的反面能量。就是說，主奎師那祂的知覺展示有兩個面；正面是「超靈」展示，反面是「希瓦」展示。即一體兩面的知覺能量。

那麼，在物質自然中，知覺能量展示的正面能量（超靈）是代表善良形態，反面能量（希瓦）是代表愚昧形態。這一正一反，正是體現出知覺能量在物質宇宙中是一個互為對立的統一體。這個體，就是一個全息知覺的概念。

「全息」即為整個宇宙的意思，「全息知覺」即為宇宙能量之體。也就是說，一切能量都離不開「知覺」而存在。那麼，宇宙內所有能量——都是由知覺能量展示而來的。只是展示對象的不同，而有所稱謂不同。譬如，造化展示能量——稱物質知覺能量；生物覺悟能量——稱靈性知覺能量；永恆時間能量——稱知覺暗能量；生物體（人）的愚昧形態，稱負面能量。

然而，在宇宙展示中它們的對立統一關係是：靈性知覺能量與物質知覺能量是對立的；造化展示能量與「永恆時間」的毀滅能量是對立的；生物覺悟（**即靈性能量**）與愚昧形態（**即負能量**）也是對立的；這些對立能量——全都是宇宙本體（**即全息知覺**）所展示的知覺能量而互為對立，同時又互為統一。如靈性知覺和物質知覺——相互統一於展示出生命或生物體（**即每一個生物體由靈質和物質結合而成**）；物質造化和物質毀滅——相互統一於周而復始的宇宙展示。

所以，在物質宇宙的展示中，事物本身具有的發展、改變和彼此消長，都源自於物質本身的正反能量互為對立統一的自然規律性。這就叫物質自然定律。

那麼，宇宙毀滅是什麼概念呢？前面已說過了，所謂宇宙毀滅，就是宇宙內的所有物質能量——歸於不展示。對於物質展示而言，它是宇宙正反能量展示的——物質間歇之不展示。換句話說，物質展示——源於宇宙的正能量，物質毀滅——源於宇宙的暗能量之週期制約的反能量。

在整個物質展示——到不展示的能量中，「正能量」是一種展示能量；「暗能量」是一種制約能量（即控制著展示期）；「反能量」是一種物質毀滅能量。那麼，正能量、暗能量、反能量，它們是如何展示於宇宙中相互制衡的呢？

「正能量」和「暗能量」是存在於整個物質展示的過程裏；當「暗能量」的時間制約期一到，反能量就展示。此時，物質展示就自然毀滅。所以，物質宇宙的展示與毀滅，正是正能量與反能量的永恆時間制約作用。「希瓦」就是物質毀滅的能量執行者。

然而，所謂自然毀滅。實質就是主奎師那祂的知覺展示之能量收回來。所以，叫物質歸於不展示。相對主奎師那的知覺能量，物質展示是沒有毀滅一說的。只是祂的永恆時間展示——使物質暫時進入不展示的大實體裏。這個大實體是什麼的概念呢？它就像一個物質能量「倉庫」。當物質毀滅時，那些物質能量展示的物質自然、物質原則、生物梵、個體靈魂、游離知覺等，一切有關物質展示的元素，都以能量收回於這個能量「倉庫」裏。這就是物質能量大實體的實相。

怎麼去理解「希瓦」是至尊主本人呢？「希瓦」是至尊主本人，乃是因為祂是至尊人格神（**超然主宰化身**）的直接展示。前面已介紹過了，超然主宰化身是主奎師那的全然知覺擴展的一個物質宇宙主宰化身。祂實質就是主奎師那本體的一個人格展示。人格展示，意味著具有物質宇宙的創造能力和主宰能力。所以，至尊人格神（**超然主宰化身**）在物質宇宙中相當於至尊人格主。

然而，物質世界的存在只是靈性世界的一個倒影。這什麼概念呢？就好比一個實體和它的影子，影子與實體是相連的，它們之間是一體的這樣的概念。也就是影子的存在——因它的實體存在而成立。即影子就是實體展示的一個現象。從這個角度理解的話，至尊人格神（**超然主宰化身**）即是主奎師那的「影子」。所以，對於物質宇宙而言，至尊人格神（**超然主宰化身**）就是主奎師那本人。然而，對於主奎師那本人來說，至尊人格神就是祂自己的一個化身。這就是靈性知覺與物質知覺能量之分。對於一個修行人，尤其是修知覺解脫回歸的修行人，搞懂這些關係很是必要的。因為關乎到你所修習的超然知識——能否轉化為知覺能量。這就是知識與知覺的絕對修行。

那麼，至尊人格神與「希瓦」又是怎麼的關係呢？就是能量主體與執行者的關係。即「希瓦」是執行宇宙毀滅的能量神。顧名思義，執行就是全然授權。所以，「希瓦」實際就是一個能量展示。即至尊人格神所展示的宇宙毀滅能量。

然而，雖然「希瓦」是一個執行宇宙毀滅的能量神，但「希瓦」執行的是知覺暗能量。而知覺暗能量是主奎師那的一個強大的知覺展示能量——即物質展示的那個永恆時間。也就是「希瓦」代表著這個「永恆時間」的週期制約能量（**即知覺能量的反面能量**）。從這一點來說，「希瓦」就是知覺能量本身。剛才不是說了嗎？知覺能量是一體兩面的。那麼，「希瓦」就是「超靈」的另外一面。

所以，從知覺能量的直接展示來說，「希瓦」就相當於至尊人格主本人。從宇宙的知覺能量來說，「希瓦」是至尊人格神（**超然主宰化身**）的能量展示。所以「希瓦」就屬於至尊人格主本人。但不是主奎師那。怎麼理解呢？

這裏有個概念，就是全然知覺性與人格性有所不同。全然知覺性就是主奎師那，人格性是指主奎師那全然擴展的那個「超然主宰化身」（三洋維施努）。換言之，全然知覺性是靈性部分（即實體）。「人格性」是知覺的能量展示部分（「影子」）——即物質創造展示。也就是說，物質創造展示（「影子」），因主奎師那的全然知覺性（實體）而存在。所以，至尊主本人是指超然主宰化身（稱至尊人格神），主奎師那是指全然知覺性。然而，這是概念上的區別。但在知覺內涵上是一致的。這點大家要注意。不然，我們對主奎師那所展示的宇宙能量中的正能量、反能量、暗能量和物質能量理解起來就會自相矛盾。

怎麼理解間接掌管和直接掌管呢？這是根據知覺的展示性質而言的。「希瓦」和「超靈」都是知覺能量本身——等同於至尊主本人，所以叫直接掌管。而「梵天」是知覺展示的物質能量——即為了實施物質創造而展示的。所以「梵天」是物質能量創造的一個展示身份。即「梵天」是行使超然主宰化身（至尊人格神）知覺展示的一個物質創造者。那麼物質創造本身，就是知覺的間接展示。所以「梵天」實質是一個間接掌管神祇。

所謂間接與直接，是從知覺能量和人格性展示上去分別的；也就是知覺能量——是主奎師那的直接展示，物質創造——是主奎師那的間接展示。那麼，「希瓦」和「超靈」就是知覺能量展示的本身。所以不需要以一個人格者去展示。而「梵天」作為物質創造，因此，「梵天」是要人格性展示的。所謂人格性，即具有物質創造能力之人格主宰者。說白了，人格性展示——就是指主奎師那的物質性展示。這是至尊主奎師那與至尊人格神（**超然主宰化身**）在宇宙展示中的不同展示。

那麼，「希瓦」是超然主宰化身（**即至尊人格神**）直接擴展的能量神。從本質上來說，「希瓦」就是超然主宰化身維施努本尊。這是從能量展示而言的。

「能量」是宇宙創造展示的內容，「知覺」是宇宙創造展示的根。在靈性世界，是沒有「能量」這一說的。靈性世界的所有——都是永恆的存有，不需要去創造和造化。在物質宇宙裏，才需要能量去創造和造化物質。也就是說，靈性的主奎師那，為了物質宇宙的創造，便擴展了祂的物質創造化身——超然主宰維施努（**至尊人格神**），然後展示於超靈、希瓦、梵天這樣的能量神——主宰著整個物質宇宙。

在物質宇宙所有展示的化身，都是主奎師那知覺的能量化身。所以，祂們永恆地圍繞著知覺大本體——主奎師那。換句話說，能量化身——是永恆在服務於主奎師那祂所展示的物質宇宙。也就是「能量」來自於知覺，展示於物質造化，服務於物質宇宙。

所以，宇宙內任何方位——都在主奎師那祂的超然主宰化身的操控之中；宇宙內一切物質能量——都從屬於祂的全息知覺；主奎師那祂的任何擴展，就是祂無窮力量的伸展。這無窮力量伸展——所產生的影響力，就是祂的擴展能力。這擴展能力——體現在宇宙造化中，便是祂的宇宙能量。

簡而言之，主奎師那祂的全息知覺——以能量存在於物質宇宙中。所以，整個宇宙展示——主奎師那祂都存在。從本體（**總知覺**）擴展到主體（**超然主宰維施努**）再拓展到（**三大洋維施努**）祂都在其中。只不過這個「祂」，以不同的身份——做不同的事而已。這就是全息知覺的祂之絕對性和永恆性。

關於物質能量（**女神**）與「物質自然」。所謂「物質自然」，就是物質的現實存在。即物質的現實存在——致使個體生物或生物體自然而然地感受著自己和物質的真實存在，並無法覺受到物質世界以外的東西。這種「物質自然」的存在感，表現為三種物質形態——善良形態、情欲形態、愚昧形態（**簡稱物質三形態**）。這三種物質形態的屬性，是一切物質展示的根基。換言之，物質自然形態——是物質生命展示之源。它表現在人的感官知覺上——產生出不同的心理活動。如我們現實生活中的每一個念頭，或每一個行為，都因為這物質自然三形態作用影響的結果。

相對靈性世界存在的真有或永恆性，這「三形態」之「物質自然」屬性的存在感，是一種虛有，且不永恆。它是一種精微的物質展示。所謂精微物質展示，就是肉眼看不到而又真實存在的一種物質能量展示。這就是「物質自然」的本相。它既虛幻又真實，所以叫虛幻能量或麻亞能量，又叫迷幻的物質形態。它展示在人們的感官意識裏，就是那麼的自然而然——讓人們接受著和感受著。而人們這一自然而然的物質感受，就是物質自然三形態對其生命實體展示的目的意義。不然，物質世界不復存在。

然而，以物質形態去理解的話，這個「物質自然」基本上是一種愚昧形態。為什麼呢？因為當生物（即靈質）釋放到物質自然空間時，原本善良本性的靈質（即純靈）和原本情欲本性的物質生命，都會受其物質自然的作用而混合為物質三形態（即善良形態、情欲形態、愚昧形態）。說白了，原本純善良的純靈，當和原本純情欲的物質生命——組合成一個生命體時，本身就是一個三形態的混合體。那麼，這三形態的混合體，就是物質自然的相體；而生物的生命體，就是這物質自然三形態的展示載體。

也就是說，當一個生命展示時，內在那個靈質（純靈）的善良本性，便自然而然地受到物質三形態的遮蔽。此時，這個人所展示出來的——就是以情欲形態和愚昧形態為主。所以說，生命體（人）是與生俱來愚昧無知。這裏有一個概念我們要清晰的，就是本性和形態不是一個概念。本性是一種知覺（本質的）——即個體內涵的特質；而形態是一種能量（動態可變的）——即個體活動的態勢。也就是說，當生物體（人）在活動展示時，所呈現出來的——是一種能量形態；而這種能量形態的本質上，又是一種「物質自然」的愚昧形態。

所以說，人是一種「情欲」加「愚昧」這樣一種生物體。即人的本相

——是情欲性的，而活動形態——是愚昧性的。這是生物體（人）的物質生命之構造本質。所以，生物體（人）就是這樣與生俱來的愚昧無知和自大無明。

正因為這樣，在人的世界觀裏，其物質是真實的，他們不見得認為是虛幻的。其實，這是一種物質意識。這種物質意識的真實不虛感，就是「物質自然」賦能——讓生物體（人）的感官意識存在著這樣一種真實不虛感。這真實不虛感——就是一種物質認同感。這種物質認同感，才讓我們在短暫的生命裏——無法感受到物質以外的——靈性。所以，人正因為這種物質意識感受，才安然無恙——如此愚昧地活在其中而無法自明。

物質自然三形態，它是一種控制能量；它控制著每一個生物體在其生命活動中——產生一種個人的存在感，這種存在感——就叫「物質自然」。

這個「物質自然」是誰掌管的呢？是原因之洋維施努掌管。現在我們大概知道了。「物質自然」的本質，是「物質自然三形態」（**即善良形態、情欲形態、愚昧形態**）。它是生物在生命期間產生活動果報的直接原因；

而活動果報，又是生物投以生命輪回再生的活動依據。也就是說，「物質三形態」——是生物在生命期間產生活動果報的因。即生物——是物質自然展示的因根，活動果報——是因果世界存在的因由。

「物質自然」和「物質三形態」，這是兩個展示部分。「物質自然」是生物展示的一個物質活動空間，「物質三形態」是物質生命展示的活動土壤。那麼，「物質自然」這個展示部分，是原因之洋維施努掌控的一個物質創造展示。「物質三形態」這個部分呢，是原因之洋維施努物質創造展示下的一個虛幻能量。前面有開示過，在宇宙展示中，維施努是主奎師那的知覺本體，而維施努的能量展示呢？則為能量女神。因此，在整個「物質自然」展示中，原因之洋維施努——即為主奎師那知覺的能量化身（**亦即是至尊人格神**）；祂的能量展示就是「物質三形態」這個部分（**即虛幻能量**）——稱物質創造女神。也就是說，知覺能量化身——是知覺性的展示，能量女神——是具體實施的主宰或掌管，兩者是一體的。

為什麼「物質三形態」叫虛幻能量呢？我們可以去聯想一下，形容女性的吸引力用詞是什麼？「迷人」或「讓人迷幻」等等這些誘惑的形容詞是不是？所以，虛幻能量也就是對能量女神展示出來無可抗拒的能量之一種形容詞。然而，這個「物質三形態」對於生物體來說，不見得是一種虛幻能量。為什麼呢？這是因物質生命本質（即物質三形態混合體）所致。這「物質三形態」就像物質生命生存的自然土壤——使其自然而然地生命著；其物質知覺能量，就是這物質生命軀體活動的能量之源。所以，生物體本身在「物質自然三形態」下——是真實不虛的。

然而，對生物（純靈）來說，「物質三形態」確實是一種虛幻能量。這又怎麼理解呢？就是因為生物體在這個「物質三形態」的自然土壤裏活動的同時，與「物質三形態」混合產生的個體意識形態遮蔽著「純靈」的知覺性。所謂遮蔽，意味著只是遮蔽而已。只要這個生物體（人）遇上了靈性知識啟迪，這種遮蔽自然就會散開。

所以，在修行的知覺上，或靈魂解脫的覺悟上，這種遮蔽就是一種物質虛幻能量。只要修習奎師那知覺能量，這種遮蔽能量自然不起作用。所以說，對於純靈知覺性，這種遮蔽——實質是一種虛幻能量。不然，靈魂就不能覺悟了。

那麼，人為什麼自身不能擺脫或超越這個「物質三形態」的虛幻能量呢？那就是因為人的意識本身，是一種物質能量形態。物質能量形態在人的思維上，就是一種意識形態；這種意識形態的虛幻現象，人自身是無法認識的。所以，人的感官自然就被虛幻能量迷幻住——與之產生因果關係。

所謂因果關係，就是人與人之間的活動業報。這活動業報的緣起——產生的感官心意活動之識蘊，便是遮蔽著生物體內靈魂的虛幻能量。這就是靈魂於因果世界中不停輪回的原因。假如靈魂一天不覺醒，人就沒辦法超越這個物質虛幻能量的遮蔽，然後本生物體就一直被迷幻下去——生活在錯覺中。

所以說，人為什麼要修行——覺悟奎師那知覺。因為只有奎師那知覺能量，才能跨越「物質自然」這強大的虛幻能量。這個強大的虛幻作用能量，便說明了「能量者」的背後是一個「能力者」的操控。操控——即計劃，掌控——即實施，兩者必然是一致的。即「能量者」與「能力者」是一體的。否則，這個物質世界就展示不了。這就是「物質能力（**主奎師那**）和物質能量（**幸運女神**）的組合——是宇宙運作的物質力量」。

第2章

定動靜之三性

第 2 章

定、動、靜之三性

《博伽梵歌釋義》裏的「正如火被濃煙遮蔽，鏡被塵土覆蓋……」這段話中的「火被濃煙遮蔽」這個自然現象，我們從知覺展示的「三性」來理解的話，就是宇宙展示中的動性展示。這個「動性」它不是因為能動就是「動性」。怎麼理解呢？就是說，受自然界作用而產生變化或演變著的物質動態才叫動性。「火被濃煙遮蔽」這個是火與煙在自然界的風力或空氣作用下——相互演變著的一種物質動態，這種自然現象就是「動性」展示。但如機器人的動，或個人行為使某個物件產生的動，這不叫「動性」展示，這只是動態現象。也就是說「動性」，它是物質現象展示的本源——即知覺造化。

相對物質宇宙，定、動、靜三性——它是奎師那知覺展示的理論學說。換句話說，動性——是主奎師那知覺三性中的物質動態展示。所謂動態展示，亦即物質顯現「動」的這一部分，屬於宇宙造化顯現的其中一個部分。

那麼，感官對象的物質顯現，它還有一種「定性」展示。如「鏡被塵土覆蓋」這個物質現象就屬於「定性」展示。即物質顯現的「定」的部分。這怎麼理解呢？就是說，鏡子「定」在一個地方不動而被塵土覆蓋這一現象，對感官眼睛來說，這個「鏡被塵土覆蓋」就是眼睛的一個感官對象。如杯子、茶具、桌子、鞋子等等，這些不動物體的自然展示——就叫物體展示；大山、河流、森林等這些自然界——叫物質展示。以上這些都屬於「定性」展示。這些「定性」展示相對生物體感官而言，就叫感官對象。也就是說，眼睛所能看到的物質狀態或現象，就是宇宙造化中——「顯」的部分。

然而，物質是分粗糙物質展示和精微物質展示的。感官眼睛看不到的物質展示，就叫精微物質展示——即「不顯」的部分；它是一種「靜性」展示，即以靜態顯現於物質知覺。這個物質知覺是什麼概念呢？如果以奎師那全息知覺論之的話，定、動、靜三性——都屬於物質知覺展示。也就是說，整個物質世界——是主奎師那的全息知覺之物質知覺展示。只不過在文字概念的表達上，感官眼睛能直接看到的——叫粗糙物質展示；眼睛看不到的卻又感受得到的這個，我們叫精微物質展示。

關於「靜性」的理解，在《博伽梵歌釋義》裏第三個例子中「胎兒被子宮包裹，它是物質生命隱與顯的生命現象……」這一段話裏，揭示的就是「靜性」活動。怎麼理解呢？就是說，胎兒在子宮隱藏不露時，它既不動也不定，你說它不動吧，它也有胎動；胎動雖然不是一個完整的生命活動，但它是一個生命現象的動啊。只要它脫離了母體後，它就是一個完整的生命活動了。

這個「胎兒被子宮包裹」的例子，喻指的是什麼呢？它喻指人們的心意活動。意思說，這個心意活動的「動」，就像胎動一樣，我們看不到它的動；只有他顯現出個人行為的時候，我們才能看到他動的真相。這就告訴了我們，心意活動——是行為活動的內因的動。所以，在修行上，如果要自我規範感官活動行為，其功夫就在於如何控制好自己的感官心意。

在物質知覺的理論上，物質與物件它不是一個概念。物件——它是無知覺狀態的一種展示，比如那些杯子、茶具、桌子等一切不動物體的自然展示——都是無知覺狀態的展示。所以叫物質或物質現象。

所謂無知覺狀態，它是相對我們的感官知覺而言的。然而，相對宇宙展示的知覺性來說，它們是有「性」的——就是物質的功能性或屬性。比如說，這個杯子，它的「物質功能性」是什麼呢？就是能用來喝茶或裝水的這一特定的物質屬性。換句話說，用來喝茶這個物件的屬性就是個杯子。也就是這個杯子用來盛水時——就是這個屬性的物質現象；這個杯子在展示的三性中，就屬於物質展示的「定性」。

任何物質存在或展示，都因其它的「性」的存在而展示著它的功能性。這就是物質「性」的展示意義。即一切生物感官能感受到的——都叫感官對象。那麼，我們感官所接受的這個「象」——就叫色相。怎麼理解呢？就是說，它因人的感官知覺而感受著物質形態的色和相（**簡稱色相**），或者反過來說，「色相」——是相對人們的感官功能而被認識的形形色色的一種物質現象。換言之，能被感官看到的、感受到的和觸碰到的一切物體或物質現象——就是感官對象。那麼，當我們受到這個色和相的迷惑時，我們的心意執著在這個念頭上——這個就叫「色欲」。從感官對象（色相）——到心意狀態（色欲）這個演變過程，就是物質知覺之「靜性」展示。

其實，這個靜性展示啊，實際是定態——到動態之前的這一過程。怎麼理解呢？就是說，「色相」這一感官對象本身——是定性的。當它作用到我們的感官頭腦或心意與之互動時——就是一種欲念。雖然是靜態的，實際是一種動態之欲念。也就是說，這一欲念表現在我們的感官心意上——就是「色相」之動態活動了。所以，我們的欲念或色欲，實質是來自於感官對象的「色相」所起的作用。因此，當它作用到我們的頭腦後變成物質現象時，我們就看不到事物的本質了。也就是說，當我們用心意去看，或以心意來認知事物現象時，我們就沒辦法瞭解到事物的真相的。

所以，我們看《博伽梵歌釋義》時，要拓開思維。不然，只是概念上的明白。所謂概念上的明白，就是只看到文字上面那個概念的意思，而背後的那個內涵或真相，就很容易被我們的認知概念化所掩蓋。譬如這段「火被濃煙遮蔽，鏡子被塵土覆蓋，胎兒被子宮包裹，生物也同樣被不同的色欲籠罩……」這些文字表達，誰都看得懂。但是那個文字表達的含義或背後說明什麼？就不知道了。也就是說，概念上的明白，只是聽說到的或看到的明白。這種明白，不能讓我們看到那個背後的實相。所以，平時我們說的「明白」，也就是概念上的明白。充其量只是「聽到」或「知到」的那個明白。這個「到」與「辶」這個「道」不是一個層面。也就是說，「知」和「道」，它是兩個層面的；「知」是感知層面，「道」是知覺層面。即悟道也。

所以，深入探討下去的話，「知道」是不簡單呀。平時我們說的「我知道」，只是聽到的那個「知到」，或認識了「知道」這兩個字。比方說，叫你打一杯水，你說：「好，知道」，就去打水了。然而，你不知道我要這杯水幹什麼，即便你可能感覺到我口渴了要喝水，但你還是不知道我有多口渴呀，對嗎？因為我的口渴在我的感受裏，不在你的感覺中。這個例子就說明了，表面上看到的「知道」，是沒有真正意義上的知道。如果要想真知道，就得要雙方溝通。所以，這個真正的知道，是要通過溝通或觀察來獲得的。也就是說，當我們搞懂了知識內涵的明白，才是真正擁有了超然知識。不是看懂了那些文字概念，就是明白。當然啦，這個明白或超然知識，確實要從概念認識——到內涵明白逐步遞進的。

那麼，這超然知識到底是什麼呢？就是一種抽象知識或空間知覺。抽象——意味著空間知覺的知識嘛；空間知覺——就是能量存有嘛。所以「超然知識」它實質就是一種知覺能量。不是概念知識。因此，我們要獲得真正內涵上的明白，就得必須擁有「超然知識」或知覺能量。這是奎師那知覺認知的核心思想。

《博伽梵歌釋義》的三個例子，揭示了物質自然中定、動、靜這三個性——是與人的心意息息相關的。也闡明了這物質自然現象都源於知覺的一個「性」——即主奎師那的外在能量（**稱物質能力**）。換句話說，這三個性的展示，說明了生物的生命現象——因心意作用而存在，而變化。因而，在物質自然裏，生物體（**人**）是無法抗拒——善良形態、情欲形態、愚昧形態這三形態的影響。

另外，這三個例子啊，祂在告訴我們，祂有一個外在能量——物質自然。它虛幻且不永恆，統領著整個物質世界。它亦是生物體（**人**）生命活動的物質知覺能量。這虛幻能量在人的生命活動裏，它展示於物質知覺之感官心意活動——色和欲。然而，這個外在能量（**物質自然**），又是眾生在其生命造化中（靈魂自我提升）的一個修煉平臺。因此，這個感官心意，要通過修心達致心智層面——來獲得超然知識的。有了超然知識，就意味著有知覺能量；有知覺能量，就能超越物質感官心意活動的色和欲的影響。所以，我們明白這些知識內涵是非常重要。不然，我們在人生中是無法擺脫愚昧帶來的痛苦。

從另一個角度去看主宰師那的這個外在虛幻能量的話，它是匹配著生物之生命存在而展示的。也就是說，當我們處在這個物質層面上，就是一種遮蔽。這種遮蔽的生命展示，就是生物在物質自然（即虛幻世界）展示生命時——所必然的生命現象。換句話說，生物在完成整個生命旅程中所帶來的，就是與生俱來的愚昧無知的生命現象。這個愚昧無知，就是一種遮蔽。所以，我們要明白主宰師那的外在虛幻能量所展示的實質意義，就是通過錘煉人的生命——達致靈魂覺悟。言下之意，物質自然只是與人的生命活動關聯，不與靈魂知覺關聯。

靈魂是整個生命展示的主人。雖然人生在虛幻能量下生命著，只要我們的靈魂主人覺醒了，就能擺脫物質自然三形態的影響。換言之，當人的靈魂覺醒了，就不存在有遮蔽一說了，我們的心——自然就亮堂。所以，我們要瞭解這些知識概念，才能作用到心裏去——產生那個明白。這個明白——就是超然知識了。言下之意，這個「超然知識」它不在書本裏邊，它在人的內在明白之層面上或抽象思維上。

什麼叫抽象思維呢？抽象思維——即空間知覺。前面說過了，空間知覺——即能量存有嘛。所以，這個「超然知識」也就是知覺能量了。它是無形的，在書本裏是看不到的，書本裏邊的文字，只是「超然知識」的符號。當我們通過這些文字概念去理解了，才是你的超然知識。也就是說，當我們理解了或明白了它的內涵時，這「超然知識」便以一種能量存有（**即知覺能量**）在我們的心坎上或思維裏。這個就是我們所認識文字概念的空間內涵（**亦即空間知覺**）。有一首偈子是這樣說的，「形而上道為知覺，形而下用為知識」。這句話，就是對文字概念的空間內涵（**超然知識或知覺能量**）的最好的詮釋。也就是說，形而下用的知識，是知覺能量的文字概念表達，是知覺的一種「用」。這裏的「用」，是展示的意思。即展示於形而上道的知覺能量。換句話說，因知覺能量，我們才有之「用」這知識。所以，知識之背後或源頭——就是形而上道的知覺能量。你看，這一切都說明了，知覺能量——是整個宇宙的主心軸。

所以，我們不能孤立地看問題，要拓展思維。這個拓展思維本身——就是一種空間知覺了嘛。這空間知覺，就是超然知識之知覺能量了嘛。所以說，「超然知識」不在書本裏。現在我們應該明白如何去看書了。

我們不需要把書背下來，尤其《博伽梵歌釋義》，你是背不下來的。我們虔誠地用心去看就可以了。所謂用心，就是通過你的眼根和耳根在裏面產生一種覺受。覺受就是一種效果。即當我們的眼根和耳根日積月累得到超然知識的灌入時，這種覺受——就是知覺能量了。這知覺能量讓我們超越一切。

現在重點講一下心意與色欲。它是三性中動、靜之交的意識形態。怎麼說呢？我們都知道，在生命世界裏，有三個形態（善良、情欲、愚昧），它表現在人的心境上。譬如，善良形態——表現出平常心；情欲形態——表現出激動心；愚昧形態——表現出混沌和糊塗心。那麼，這三種心境屬於什麼「性」呢？屬於動與靜之交的屬性。曾經說過，「色欲」——是物質知覺感官心意活動之動因。它是那個色相（即感官對象）跟物欲（即生物欲望）相互作用產生的。顧名思義「色欲」就是一種誘惑嘛，當這種誘惑與人的心意狀態處在情欲形態上，就會產生欲望（稱為物欲）。其實，「色欲」——是指「色相」和「欲望」兩個東西。它倆是不同「性」的；前者是定性，後者是靜性。前面開示過，「從感官對象（色相）到心意狀態（色欲）這個演變過程——就是物質知覺之靜性展示。所以，當我們受到色和相的迷惑時，我們的心意執著在這個念頭上——就叫色欲。

然而，心意活動它是一種動態活動。因而這個「性」——當它以心意展示時，就是一種形態展示——心境。即我們平時心意活動的境況——稱為心態。也就是說，色欲——是定性與靜性的綜合展示。那麼，心意便是色欲的展示窗口了。所以，我們管好心意很重要。

在《博伽梵歌釋義》裏列舉的三個例子，不管什麼的動性、定性，關鍵還是那個靜性的理解——心意。我們最難理解的就是那個靜態的心意。它既能讓我們活在無明中，又能讓我們去修行。所以，定、動、靜三性和物質自然三形態與人的感官心意，是息息相關的。物質自然三形態，它是生命存在的客觀自然因素；也是物質與現象相互依存的客觀自然現象；又是物質自然賦予物質生命存在的自然定律。因此，作為高等生物體——人，本該具有智慧的本能（即靈覺）——去戰勝它的。但由於這個「色欲」是一種心意能量。當我們的心意活動轉到那個「色欲」去時，人的本能智慧也就很容易被遮蔽或抵消掉了。所以，我們要透過這自然定律的現象，去認知和瞭解與我們生命息息相關的物質自然三形態——所展示的「色欲」與心意。明白了它倆的關係，才好理解和控制心意上的欲望。換句話說，人的生命意義本該就要搞懂這個物質自然三形態的。生命——意味著物質化；物質化——意味著色與欲的現象化；現象化——意味著虛幻無常的生命化，這就是生物的物質知覺生命現象。生命現象——即物質不永恆——有生必有死。那個永恆的——不叫生命，它叫靈魂或純靈。所以，我們要搞懂這個，才能超越因果——靈魂得以永恆解脫。

第3章

因／果／制／約

第3章 因果制約

說到因果，我們應該要知道因果是什麼？它是生命展示過程必然存在的相互制約的行為法則。在因果世界裏，人既是因果制約的工具，又是被因果所制約的這樣一個雙重性的生物體。人就是在這樣的生命展示過程中相互制約著。這就是物質生命展示的雙重性。然而，從生命結構上，它是一個靈與物的生命體。即靈性（靈魂）和物質性（感官）兩種知覺元素——且各自在生命裏發揮著知覺作用的生命體。這樣的知覺結構，又叫二元性。也就是說，雙重性是指生命的活動行為——即既是因果制約的工具，又是因果制約的對象。二元性是指人的生命結構之靈與物。兩者都說明生物體（人）的生命展示具有知覺性。

靈魂——是接受來自「明白之洋維施努」這靈性知覺通道而來的信息；物質感官——是接受「物質自然三形態」這物質知覺通道而來的信息；雖然靈魂與物質感官都同屬於主奎師那的知覺性，但不同的存在有其不同的知覺作用。也就是物質知覺——是生物在生命期間活動展示的生命知覺，靈性知覺——是生物在生命自我造化中點燃靈魂覺醒的知覺。但這個體靈魂的知覺性，只有得到靈性導師的啟迪，才有蘇醒的可能。否則，人生的整個生命形態基本上是愚昧無知的。正因為人的愚昧無知，才處在因果行為的雙重性上。

因果行為指的是什麼呢？具體就是人在生活中相互觸犯的行為後果。譬如說，因某個事或某個人讓你怨氣萌生時，你可能會觸犯因果行為——去罵他。那麼，如果被罵的這個人，此時升起了怨恨之心時，你就留下了一個給他人怨恨的因果報；這個因果報，就成為了你日後被他人觸犯的因果對象。然後，看哪一天你被他人觸犯的時候，在無明的狀態下——又產生怨恨的因果；這怨恨之因果，又是你去觸犯他人的因果行為。這就是世間上冤冤相報的因果行為展示。

這個怨恨的因果報，不是一世就能了完的。也就是說，當做人的時候犯下了因果行為，如果當世沒有認真修行去把它了結。那麼，下一個輪回便帶著這個因果報回來的時候，就成為了你被他人觸犯或你去觸犯他人的因果報。這就是因果輪回之冤冤相報的生活行為。亦即是因果行為之雙重性。也就是說，因果之造業果報——就是人生命輪回的根由。

所以，修行人必須要懂得這個因果道理。不然，都是白修。那我們如何去搞懂它呢？其實，這個搞懂是很有學問的。這個搞懂啊，不是說要我們去「啃」概念。所謂搞懂，就是通過修行規範自己的行為，不造新業力。如果我們不造新的業，我們生生世世的因果業障，就在你當下細行的規範下——慢慢地償還了。

在修行上都很是強調那個「禪」，最好把它作為自己在細行上的座右銘。這樣才能保證不造業。因為這個因果行為制約啊，不光是發出的聲音可以成為因果，還有心裏的怨氣都可以成為因果，然後直接算在我們的因果帳本上。也就是說，如果一個修行人不重視或忽略了這個因果制約的話，你是沒辦法修的。修行實際就是了結因果。正因為要了結因果，才有禪修的課程。

什麼叫禪？少說話，默默修，這個固然是的。但是這個「修」，你必須得要有內容才有修的可能啊。那麼，這修行內容是什麼呢？就是修心嘛。即接受超然知識的洗禮——精進修習有關的心法知識。這個就是我們說的理入課程。那麼，通過心法知識，然後貫徹落實到細行中，時刻檢點自己的言行舉止——是否衝撞別人或與修行背道而馳。這個就是行入的課程。所謂「行入」，就是去實踐。即實踐——落實——做到的過程。這就是修心的具體內容，也是超越因果行為的修行必修課。

另外還有一個重要環節，就是超然知識的擁有。也就是說，我們通過修行的理、行二入，把超然知識轉為知覺能量。只有這個知覺能量，才能與靈魂相匹配。前面說過了，人是一個二元性的生命體，其物質感官，就是生命活動行為展示的端口；靈魂，就是本生命聚合的知覺活動要素。人要解脫回歸的——正是這本生命之靈魂。所以，只有這個知覺能量，才能使靈魂提升——脫離物質軀體。這就叫靈魂解脫。如果只是在行入中，沒有達到理、行二入之知覺的轉化；這樣的修行結果，只能是回到該層面的生物梵界，即原來是哪一層下來的，就返回到哪一層，搞不好還有可能降級——回不到原來的界面。那什麼情況下是這種生命結果呢？就是在我們修行不夠精進的時候，我們的「業」不但消不了，反而因自以為是——增加了當世的業力。所以說，有可能降級——回不到原來的界面。這種修行狀態是很糟糕的。也就是說，連原來的層面都達不到，那何談知覺能量呢？所以，靈魂覺醒，只是說明有資格接受超然知識的洗禮。至於能否保持清醒，還是要看修行的恒持。因此，靈魂覺醒與超然知識（即知覺能量）擁有，不是同一個層次或結果的。說白了，靈魂覺醒只是修行的開始；超然知識（即知覺能量）擁有，才是靈魂解脫的究竟。因為在修行過程中，每個人的因果業力或根器，都有可能影響著我們修行的進度，或超然知識的轉化。就是說，我們對修行認知不夠時，當業力現前產生的那些修行障礙，都有可能使我們的修行後退，或停滯不前。如在生活枝節上的親情、愛情、友情上，都有可能讓我們在修行中很難達到平衡而修不下去。這些就是修行的障礙。

所以，我們修行的態度和方法很重要，它是超然知識轉換知覺能量擁有的保障。那麼，修行的態度——就是保持修行的狀態清醒如初；修行的方法——就是理入課和行入課相結合；認真、精進、謙卑和誠心，便是修行態度的具體表現。

其實，主奎師那構造人的生命二元性（靈與物）和因果制約，目的是讓因果制約使其物質感官活動——在制約的過程中痛苦掙扎，置之死地而後生。這樣，人才會老老實實地去修行，從而靈魂才有機會去覺醒和提升。所以，我們對人的生命二元性，要有足夠的認識，才能超越或擺脫這一生物之雙重性。

我們在生活中要通過反聞物質現象，透過事物看本質。這是人活著的生命意義。《博伽梵歌釋義》裏說了那麼多，目的就是告訴你，物質自然三形態中的情欲和愚昧——對人影響產生的生活現象是必然的。所謂必然，即是自然屬性。也就是說，你不能企圖「我不要這個現象，或者怪主奎師那為什麼要我這樣……」去怨天怨地。

然而，這個自然屬性裏，主奎師那祂也同時配給了我們在修行上相呼應的靈魂知覺。這個靈魂知覺，就是超然知識的知覺載體。也就是說，只要我們對人的這個二元性，有足夠的超然知識的理解，就不會被物質自然三形態影響的生活現象所困擾。反而，那些生活現象的困擾，更能讓我們堅定努力去修行，更能激發我們去弄明白——人生是為了什麼？我為什麼到這來……這一切無明生命的認識之相。

那麼，個體靈魂與生物和肉身之間有何關聯和區別的呢？是這樣的：生物——是主奎師那的游離知覺（**它永恆性**），是祂內在能量的一部分。主奎師那的內在能量是全息知覺的。所謂游離知覺，就是從祂的全息知覺裏劃分出一部分的知覺——作為宇宙造化運作而「用」的。這部分知覺——就是宇宙生息運轉的一種知覺元素。然而，這部分知覺在參與大造化時，是必然與物質自然相配合——在物質自然中生息運轉。也就是說，當這部分純知覺，到了物質自然裏就不是純知覺了，因為它已成為了知覺能量。此時，它有了一個身份名稱——叫生物；生——意思是生命，物——意思是與物質自然打交道。所以，這部分知覺——就叫游離知覺。那麼肉身，是指生物的那個體（**即軀體**）。生物與生物體是兩個概念；生物體——亦即是物質軀體，生物——是沒有粗糙的物質軀體。譬如，在梵世界裏的生物和微觀世界裏的生物，它們都沒有粗糙的軀殼。那靈魂與生物怎麼理解呢？靈魂一般是指在人的生命體裏那個純靈知覺（**它是生命構成的核心知覺**）。其實靈魂，它是兩個要素——靈和魂。嚴格上來說，它與生物不是一個概念，剛才討論過了，生物——它是物質自然裏生息運轉的知覺要素，它也是兩個概念——生與物。「生」（即生靈）——是參與生命構成的（叫靈魂）；「物」（即物能）——是參與宇宙運作的（叫生物能量）；從知覺的角色來說，二者各自在不同的領域裏——擔當著宇宙造化的角色。從知覺的「性」來說，它們同樣是主宰師那的內在能量——即游離知覺；同時也肩負著宇宙運作的使命——成為主宰師那的邊際能量。所謂邊際能量，就是宇宙生物能量。那麼，靈魂——它是個體生命存在的維繫能量；生物——它是物質世界生息運作的維繫能量。對於主宰師那來說，生物和靈魂是一樣的，都是宇宙造化的生息運作能量。然而，相對我們的生命就有點區別了；當在生命期間我們的內在知覺性——便稱為靈魂，當完成生命後回到梵界時——便稱為生物。也就是說，這個游離知覺的邊際能量（生物），在個體展示時——是以靈魂存在於物質軀體裏。這個物質軀體展示——就叫生物體。

生物體在整個生命展示中，生物知覺——體現為靈魂知覺；生物能量——體現為物質知覺活動。那麼，在物質生命裏的靈魂是何樣相體的呢？

它是靈和魂分開展示的。然而，由於生物體的活動性質——是物質知覺的。因而，靈魂裏的純靈知覺性，便無法展示出來。所以，就有靈魂被遮蔽了這一說。

其實，說靈魂被遮蔽，是不太合理的。因為靈魂本身是靈性知覺的。怎麼就能遮蔽呢？那個生命構成的核心知覺，不就自相矛盾了嗎？所謂的遮蔽，是靈魂構成生命時，其純靈知覺與感官物質知覺互不相干而已。就是說，生命軀體展示的一切活動與純靈無關。即純靈只是聚合生命體的一個靈性知覺要素。而生命軀體所展示的一切活動——都是物質知覺的驅動。因此，靈魂自然就不顯示。但相對物質感官而言，靈魂知覺性的不顯示——就好像給物質知覺遮蔽了。其實，靈魂自身是不會遮蔽的。遮蔽的是人的感官頭腦無法認識靈魂存在的實質意義，使其整個生命狀態——都處於無明當中。這就是靈魂被遮蔽的原委。

其實，靈魂的知覺性是要與靈性知覺相呼應的。也就是說，只要得到明師或靈性導師的啟迪，靈魂的知覺性就能夠展現。即靈魂的知覺性，是修行人擺脫物質捆綁之痛苦的導航燈塔。怎麼理解呢？就是說，當我們走到人生十字路口好彷徨的時候，這種茫然無助的痛苦感，正是靈魂的知覺性——向我們的感官心意發出「要修行了」的信號。如果這個時候我們遇到了一些修行方面的知識的話，你會如獲至寶，人生豁然開朗。即靈魂知覺性就像導航燈塔一樣，照明著你的人生方向——讓你知道該如何去面對。也就是說，此時的靈魂知覺在你的內心上起作用（**即與明師或靈性導師相呼應**），使你的靈性通道自然而然被打開。這就是靈魂蘇醒的時刻。所以，心法知識的吸取，比遇到明師更重要。

其實，所謂遇到明師，不一定是明師的肉身；明師的法理或心法，同樣起到靈魂蘇醒的作用。蘇醒，意味著靈魂知覺通道被打開。當然，靈魂知覺通道雖然被打開了，但如果我們的修行知識，還沒轉換成知覺能量時，這個靈魂知覺也有可能重新被遮蔽。這是修行人最常見的修行詬病。所以，修行一定要保持你的初衷，不要自以為是。否則，竹籃打水一場空。

第4章

靈與魂的關係

第4章
靈與魂的關係

《博伽梵歌》裏說「遍透整個軀體的東西不會毀滅，沒有人能毀滅這不朽的靈魂」這句話，實質是說靈魂裏的「魂」。它形容「魂」就像太陽光線中的原子微粒，遍透整個宇宙一樣地遍透著整個物質軀體。這個「魂」實質就是靈（即純靈）在物質世界展示的「外衣」。怎麼說呢？它是精微的物質，是主奎師那的一種特別能量——展示於物質自然裏。也就是當靈（純靈）下放到物質自然的時候，必然穿上「魂」這件外衣——才能成為個體靈魂。靈——是指純靈，魂——是指純靈的外衣，兩者同屬於祂的知覺。但是，此知覺（純靈）與彼知覺（魂）是有所不同的。純靈——是祂的內在能量之游離知覺，魂——是祂的外在能量之精微物質。所以，我們要弄清楚。

嚴格上，靈魂本身不是純靈性的，因為那個「魂」啊，它姓「物質自然」，不姓「靈性知覺」。也就是說，主奎師那在宇宙造化時，按造化功能去劃分的一種精微物質。為什麼要這樣劃分呢？因為純靈本身的靈性展示，很難直接裸露於物質世界。因此，純靈的靈性體要在物質世界展示的話，它必須要穿上「魂」這件精微的物質知覺「外衣」。所謂精微物質，就是介乎於靈與物之間的一種介質。它是肉眼看不到的一種宇宙物質。也就是說，當純靈穿上「魂」這件「外衣」後，純靈就能在物質世界梵裏存在——成為個體靈魂。

然而，當靈魂存在於物質軀體裏，靈與魂是分開展示的；即「靈」（純靈）以知覺存在，「魂」以氣息存在。這是主奎師那在創造物質自然的時候，特定為純靈在物質世界去提升靈性知覺——所配置而劃分出「魂」這一精微物質的。所以，這個「魂」在人的身軀裏——是起到靈與物之間的銜接作用。「魂」就這樣作為生命展示的知覺媒介。何謂知覺媒介呢？就是為純靈本體知覺提升與靈性導師的啟迪連通——所起到的知覺橋樑作用。

在人的身軀裏，不光只有魂氣，還有呼氣、吸氣、周氣、平氣這些的身體之氣。身體之氣——屬於粗糙物質，它是生命活動之氣；而「魂氣」是靈與物連通之氣——屬於精微物質，它是純靈本體知覺提升的知覺橋樑。然而，魂氣在生命活動之氣中，是很容易受到粗糙物質的污染。當它受到物質污染時，就不能起到「知覺橋樑」的作用了。即很難與靈性導師或靈性啟迪相連通。

所以，人如果在有生之年，純靈本體都無法與它的知覺對象（**靈性導師或靈性知識**）連接的話，在他的生命終結時，其純靈離開本軀體或本生命體——又自然與「魂」結合一起，再次成為個體靈魂回到梵的世界中——等待著下一次的生命輪回。這就是靈與魂的關係。

那麼，為什麼「純靈」離開身體時，只與魂氣結合，而不會與其它四個身體之氣（**呼氣、吸氣、周氣、平氣**）結合的呢？那是原於「靈」（**純靈**）的知覺性。首先，其他身體四氣——屬於粗糙物質之氣，它很難與「靈」直接混合。再者，因為純靈的知覺性，在物質世界空間裏不能「裸露」展示。所以，必須要與物質知覺媒介的「魂」結合。當它離開軀體時，就必然與「魂」結合了。

「魂」雖然是精微物質，但它與靈性相接近。所以，「魂」便成為靈與物之間過渡的媒介。其實，嚴格上來說，靈與魂在離開軀體或生命體結合在一起的時候，才是真正意義上的靈魂（**叫個體靈魂**）。因為當在人的身體裏，它們是各自為政的。也就是說，「靈」主內（**即為生命體的知覺核心**），「魂」主外（**即為純靈知覺提升的媒體**）。因此，靈和魂在人的身體裏，是不會結合在一起的。不然，「魂」怎麼去發揮它的媒介作用——幫「靈」（**即純靈**）鏈接它的知覺對象（**靈性導師或靈性知識**）來提升知覺性呢？那麼「靈」主內，「魂」主外這一人的生命特徵也就不成立了。所以，「靈魂」實際是兩個東西的組合。

之所以稱個體靈魂，便說明了靈魂已在輪回中。即在梵世界的個體靈魂又輪回到娑婆世界來。因此，人於在世時，靈和魂都是為了生命造化而存在於一個物質軀體裏。所以在物質軀體裏的靈和魂，也可以稱作個體靈魂。但在軀體裏的靈和魂，它們是各自為政的。這點一定要明白。

其實，靈和魂都來自於主宰師那的大知覺——永恆不朽。只不過是原於宇宙展示功能的需要（**即生物造化**），它們之間的知覺範疇才有所不同。

如當靈和魂存在於人的身軀裏，「靈」是生命的核心知覺——維繫著生命體的存在；而「魂」是生命之氣——遊走於身軀裏的每一個細胞。那麼，當靈和魂存在於梵世界——展示為生物時，「靈」就是生物的核心知覺，而「魂」是生物的體或外相。所以，靈魂在軀體裏和在軀體外，它的存在形式和知覺作為是不同的。

那麼，靈魂在軀體裏，它們分開展示——就是為了純靈知覺性的提高；此時「魂」便成為了「靈」的知覺媒體。當靈魂在軀體外，它們又是結合的，此時為了下一個輪回投胎，「魂」便成為「靈」的知覺外衣。你看，靈（即純靈）在梵世界和娑婆世界，它的存在形式和知覺作為是完全不同的。然而，靈魂在軀體裏和軀體外，其純靈的知覺性又並沒有改變——仍然是知覺的核心。只不過一個是「生命」的知覺核心，一個是「生物」的知覺核心。所以，靈魂不變，實質是那個靈（即純靈）它的永恆性不變。就像《心經》所言「不生不滅，不增不減，不垢不淨」。然而，靈魂不是「不生不滅，不增不減，不垢不淨」的。也就是說，「靈」（即純靈）的那件「外衣」是不純淨的。為什麼呢？因為這件「外衣」它不只是「魂」一個東西，它包括了「識」（即阿賴耶識）也在裏面。這就是靈魂不能徹底解脫的原故。

這個阿賴耶識啊，它就像記錄儀一樣，記錄著生物每一次投胎的生命活動過程。這些記錄內容便是我們的業力；這些業力，便是我們投胎的因果去向。當投胎到做人的時候，這些業力便影響著人的活動行為，或成為修行的障礙。這就是我們平時說的業障。正是這個「業識」的原故，讓我們沉淪在生死輪回中。如果做人的時候，沒有靈性啟迪（靈魂覺醒），這些業識或原業，它是不會自動消除的；它伴隨著你生生世世的人生，展示著你的生命活動——在愚昧無知的狀態中。這就是人生痛苦的根源。

所以，我們要去認識或瞭解人生（即修行），才能有知有覺（即知覺）地生活。要知道，人生之所以痛苦，一是，我們的原業之無明的牽扯；二是，我們生命期間處在愚昧無知的活動行為中。所以，我們才要修行。

我們如何修行認識靈和魂的關係呢？首先要知道，純靈本身是一個知覺性——即心性，亦叫知覺心，它與感官心意息息相關的。在人的軀體裏，純靈是以核心知覺維繫著整個的生命系統。這個生命系統就像一個主體知覺，它以「知覺心」展示出靈性知覺；其生命系統的心意，便是生命展示的知覺功能要素。所以心意，就像主體知覺的游離知覺一樣，展示著核心知覺的知覺活動功能。換言之，心意是核心知覺的知覺活動媒介，與「魂」同是一種知覺功能。也就是說，純靈知覺不但靠「魂」作知覺橋樑，還需要心意的推動。所以，心意是整個生命活動的關鍵。

心意本身也是一種知覺，只不過是精微的物質知覺。它是人之生命活動的能動的知覺。相對知覺核心（**簡稱知覺心**），這個能動的知覺，就是核心知覺的游離知覺。那麼，這個「核心知覺」游離出來的知覺，就是心意知覺了。也就是說，心意知覺是介乎於靈性與物性之間的一種能動的知覺。如果以知覺性論之的話，這個靈性知覺與物質知覺之間——便稱為智性；如果以知覺層面劃分的話，這個靈性知覺與物質知覺之間——便稱為心智。所以，心意是靈物兩用的。那麼為什麼我們的頭腦不能恒定在心智上，就是因為頭腦這個物質感官，是對應物質意識的——即心意的物質知覺層面。也就是說，當人的那個意識層面——在物質知覺上，他的能動知覺就表現在心意上；當人的那個意識層面——在靈性知覺上，他的能動知覺就表現在心智上。「魂」就是這樣受制於心意的影響。所以，「魂」能否發揮它的知覺橋樑作用，關鍵在於心意的取向；如果心意取向在心智上，「魂」就能為純靈知覺發揮橋樑作用。否則，「魂」被意識遮蔽——不能發揮橋樑作用。這就是靈魂在人身裏的活動實相。

然而，靈（純靈）它不是以修而論之的。它是軀體裏見證著人身修行的見證者。如果它不在軀體裏，也就沒有人生。所以「修」，本是人生。這個辯證理論我們要明白。「修」，也意味著生物在娑婆世界的事——即用物質軀體去修。因為生物在梵界裏沒有物質軀體——修不了，所以要在娑婆世界裏修的。

靈魂雖然看不到，摸不著。但是，靈魂連接心意的這個展示窗口，我們是看得到的，它就是我們的心態。所以，我們修行啊，實質就是修正那個心意——即修一個好心態。

說到「不生不滅，不增不減，不垢不淨」，這是《心經》裏邊的一段經文。在這裏順便開示一下《心經》所言的「不生不滅，不增不減，不垢不淨」的意思。實際是指靈（即純靈）的「不生不滅，不增不減，不垢不淨」。不是指靈魂。因為靈魂是帶有「業識」的。而「業識」是有生有滅，有增有減的。

不然，靈魂怎麼投胎呢？所以，相對靈（即純靈）來說，靈魂是不乾淨的。

其實《心經》裏講的，也是講修心的啦。只不過年代不同所表達的方式不同。《心經》是梵文的經典文化。如果沒有內在的傳承背景，以現代文字的文化形式去直譯的話，這些文字概念，世人是無法理解它的真實原義的。所以現在的人們，只能把它作為神秘咒語去念誦。也許有人會問，到底這種念誦有用嗎？怎麼說呢？這種念誦只能說是一種信仰吧，至於有沒有用，就要看你——要的是什麼「用」。如果要達到明心見性的話，肯定是沒多大的用。如果作為一種信仰去念誦的話，也許可以收攝一下我們當下的心煩意亂。但想通過念誦它，就能如《心經》所言的「觀自在菩薩，行深般若波羅蜜多時，照見五蘊皆空，渡一切苦厄……」那種境界，可能是個夢想。

這個《心經》，是觀世音菩薩的悟道境界。就是他悟道時所體會的悟境。所以，這個悟境，不是光看經文就能感同身受的。雖然，他告訴你修「般若波羅蜜多」法，可以達致這樣的境界。但是，你不知道人家具體是怎樣修的。

這些境界，就是給我們去修心實證的。譬如「行深」，就是告訴你——修到一定的心境，就會有怎樣怎樣……的體驗，你就去實證吧。大概就這個意思啦。這是《心經》的背景。至於般若波羅蜜多咒語的「揭諦揭諦，波羅揭諦，波羅僧揭諦，菩提薩婆訶」就像當今的九字真言「摩延上度哈利奎師那」一樣，是一個能量咒語。

所謂能量咒，是為了加持當時的修行眾生——所展現的一個咒語。是主奎師那在娑婆世界顯現的標誌。這些咒語能量，一般是承載於祂的奉獻者身上。如過去，有采坦耶承載的——「哈瑞茹阿瑪，哈瑞茹阿瑪，茹阿瑪茹阿瑪，哈瑞哈瑞，哈瑞奎師那，哈瑞奎師那，奎師那奎師那，哈瑞哈瑞」；有觀世音承載的——「揭諦揭諦，波羅揭諦，波羅僧揭諦，菩提薩婆訶」；有釋迦牟尼承載的——「南無阿彌陀佛」，這些都是當時年代展示的能量咒語。在末劫時期的摩延時代，有無尼寺承載的「摩延上度哈利奎師那」。這就是當下的能量咒語。摩延法——即奎師那知覺大法，其修行內容就是知覺心法。

時下人們都熱衷於《心經》，可是又有多少人知道《心經》的真正含義呢？當然，它也是一部心法之經啦。所謂「經」，即某種思想構建的整體經驗，或核心思想的記載。可是，人們熱衷於心經的緣故，只源自它的文字記載。然而，《心經》的內涵，才是觀世音普度的「心法」。言下之意，經文與內涵不是一回事。經文是念誦的，內涵是領悟的（**即以感官眼睛是無法看到的**）。只有修行的心境與之共鳴——才能聞道心法的真諦。

下來通過《心經》的淺釋，我們更好地理解心法之秘要。《心經》說：**「觀自在菩薩，行深般若波羅蜜多時，照見五蘊皆空，渡一切苦厄」**這話意思說：修行啊，要時常反觀自心，多念「般若波羅蜜多咒」，這樣可以達到五蘊皆空的境界。這個「行深」，意思說修到一定的層面，便能認識到五蘊（**色、受、想、行、識**）它是一種虛相。證到了這個虛相——就是五蘊皆空了。也就是說，當人修到明白或認識人身這五蘊是啥回事時，你就能渡（**即解脫**）一切苦厄。

人生之所以痛苦，就緣於無明這五蘊（**色、受、想、行、識**）的虛幻捆綁。「五蘊」就是物質軀體存在所展示的一種感官官能，它本身與靈魂沒有直接的關係。所謂靈魂受遮蔽，只是因為感官官能無明於五蘊的虛幻之相捆綁而已。但只要人們認識了它的實相是虛幻的，靈魂便可以覺悟。這是觀世音菩薩的悟道感言。

觀世音菩薩告訴他的修行弟子說：「**舍利子**」（**即修行弟子**），「**色不異空，空不異色，色即是空，空即是色**」這是什麼意思呢？首先「色不異空，空不異色」，意思說，這五蘊皆空的「空」，與「色」是即一即異的。就是色與空的辯證關係。「色」是什麼呢？即一切物質展示。其物質活動的現象——就叫色相。「空」是什麼呢？是指物質聚合的空間，是色相的體；正所謂「體」即空也，「空」即宇宙也。

那麼，色與空，反映在人的感官裏是如何辯證一體的呢？首先要知道「色」是分有相與無相的。「有相」是指人的感官對象（**即物質現象**），即通過眼、耳、鼻、舌、身——所看到、聽到、感受到的一切；「無相」是指官能感受（**即內在覺知**），即通過眼、耳、鼻、舌、身、意——產生出色、聲、香、味、觸、法這些的色空之感受。所謂色空感受，意思是既有「色」的感受（**即「眼耳鼻舌身意」所體受到的「色聲香味觸法」**）；但又像「空」的一樣，無法捉摸和看不見。也就是說，眼、耳、鼻、舌、身、意所體現的，就是「色聲香味觸法」之色的實相（**簡稱色相**）；而感官覺受的，又是「色聲香味觸法」之色的空相。這裏有兩個「色」，其含義是不一樣的。色相的這個「色」，是指空的實相——即「色聲香味觸法」對「眼耳鼻舌身意」所起的感官感受（**稱之為「色空感受」**）；而「色聲香味觸法」這個「色」呢，是指實相的其中一個內容——色塵或色境（**即事物現象**）。

也就是說，這個色空感受，便說明了「色」不是空的，「空」也不是沒東西的。換句話說，色——為空之相，空——為色之體。這就是色與空的辯證理論。這些有相和無相的感受所展示出人的心意活動之色、受、想、行、識——就叫五蘊。

那麼，在無相的內在覺知的「眼耳鼻舌身意」一一對應的「色聲香味觸法」的「眼」——對應「色」，「耳」——對應「聲」，「鼻」——對應「香」，「舌」——對應「味」，「身」——對應「觸」的理解中，這些都比較直觀的理解。唯獨「意」對應「法」，可能大家就比較難理解了。這個就是《心經》與心法之關聯的重點。

色空感受中的「意」和「法」，它是怎樣的關係呢？首先是「意」，它是「色受想行識」之五蘊的成因。怎麼理解呢？就是五蘊之「色受想行識」是隨著人的感官活動而生成的。即經由「意」便產生——色蘊、受蘊、想蘊、行蘊和識蘊。所以，「意」是一切活動的動因。也就是所有生物體的活動之成因。

五蘊是一種意識，它的形成過程，就是眼、耳、鼻、舌、身、意這六根——受物質的色相（即色、聲、香、味、觸、法）的影響——而產生出一種色空的感受。而這個色空感受，實質又是一種「意感」來的。怎麼理解呢？所謂「意感」，就是大腦思維認識事物的一個精微物質官能，它可以作用於物質感官之（眼、耳、鼻、舌、身）而形成一種思維認識；當這個思維認識形成後——就叫「意識」。那麼，因為有了意識，便自然產生出「色受想行識」這樣的色空感受。

然而，這樣的色空感受，又是自然而然於感官思維中，並支配著人們日常生活的一種原動力。在這樣的原動力驅使下，人的生命便形成了「色受想行識」之五蘊的感受。為什麼叫五蘊呢？就是由於這「色受想行識」它內藏於大腦中的一種思維活動，所以很容易積聚成意識的執著。這種意識的執著就叫蘊。然而，「色受想行識」這五蘊，它是物質生命展示的一種自然性的思維認識。也是人的生命活動的基本要素。所以這「色受想行識」便稱五蘊。

「蘊」意思是蘊藏看不見的一種存在。那麼，既然是自然性，為什麼說要五蘊皆空（**即空掉它**）呢？因為它是遮蔽靈魂知覺的一種物質意識。

所謂五蘊皆空，不是說空掉五蘊不要，而是要認識它是如何讓人執著於這種色空的感受——而遮蔽著自身的靈魂知覺。要知道，一切生命展示或存在，皆靈魂知覺使然；因而生命展示的實相活動，就是靈魂知覺要覺醒。所以，所謂空掉五蘊，意思是要認識五蘊的實質性。這是靈魂覺醒的必由之路。

然而，人們的頭腦被五蘊捆綁的不是那個「意」，而是那個「識」。「意」只是活動的成因，不是活動的結果。怎麼理解呢？就是我們的眼、耳、鼻、舌、身受物質的色相——產生出色、聲、香、味、觸這些的色空感受而形成了色、受、想、行、識這五蘊，這都是一種自然而然的意動。它是一種本能性活動。也就是這種本能性活動，當人們無明於它的「色空」存在時，便自然而然地執著於這種色空的感受；當執著於這一色空的感受時，就是一種聚積。這種聚積形成了此生命的認識觀，就稱之為「識」。「識」是一切生命輪回的因果之業。換言之，五蘊之「色空感受」，就是生命輪回之因果業識。所以「識」是活動之果，「意」是活動之因。這就是「意」的實相。

在整個物質生命的輪回鏈中，只有人身才具有超越業識的功能——那就是心意之知覺心。（**關於知覺心，它是心法的一個核心課程，另作開示**）

那麼，「法」的實相是什麼呢？「法」是一切事物存在或其事物本質現象的統稱。也就是說，每一事物本身的自相性，就是其事物存在的「法相」。換句話說，凡是具有自相性質的，並為人的內在意識所能認識對應的事物本質——便稱為「法」。亦可以理解為每一事物存在的類別特性——為之法。例如：佛法、心法、知覺法、世間法、無為法和有為法等一切事物現象之真理。也就是說，相對人們頭腦所能接受和認識的事物本質——稱之為法理。

在色空感受中，「法」為之「意」的體。這個「體」是什麼概念呢？就是意識本身。也就是當「意」形成「識」的時候，在人的思維裏留下一種無影的印記——叫意識。這個意識，它是一種內在不可見的「色空」存在。這個無影印記或不可見的「色空」，就是「意」的體（**即為意識之法境**）。怎樣理解呢？就是說，「法」是應對人們頭腦認識的一種不顯的「色空」（**佛教稱之為法塵**）。所謂法塵，意思形容「法」它是看不見摸不著，像塵一般地不起眼於「色空」中，你需要從內心意識上才能見法。也就是說，「法」它是作用在我們內心善用心意的意識上。那麼，「眼耳鼻舌身意」的意根所對應的「色聲香味觸法」的法——謂之不可見的「色空」存在，這個色空存在稱之為法境。（**換句話說，法塵——亦即為意根的對象——稱為法境**）。所以，在六根中的意根，對應的法境便是第六境（**為之色空不顯**）。也就是說，相對「色顯」的五根（**眼耳鼻舌身**）所對應的五境（**色境、聲境、香境、味境、觸境**）——為之「色空」之顯；第六根（**意**）與第六境（**法**）——為之「色空」之不顯（**即內在意識**）。這個內在意識，即為不可見之法境或法塵。那麼，以事物現象法境之理，所對應的——就是心法。即《心經》所要表達的內容。

《心經》裏「**照見五蘊皆空，渡一切苦厄，舍利子，色不異空，空不異色，色即是空，空即是色，**」整段話的意思說，當我們修到一定的層面，就能看破那個「色」的相；當看破色相時，就能「照見」（**即認識**）一切色相皆無常。這時，人就不會有執著心，五蘊便能皆空也。也就是說，當「照見五蘊皆空」時，便明瞭了「色」本是空相。即空——體也，用——於展示也這樣的一個感官對象的色相。正是這個色相，遮蔽著我們認識不到生命存在的本意——就是人要靈魂覺悟的。所以，《心經》告訴人們，色相——它既虛幻又實在，一切都是相對而言的。也就是說，對於靈魂來說，它是虛幻的；對於感官頭腦來說，它又是實在的。

接下來的「**受想行識，亦複如是**」什麼意思呢？（就是說，相對靈魂，這受、想、行、識四蘊，同樣如此不存在。）下面又說：「**舍利子**」（即修行弟子們啊），「**是諸法空相**」（意思說，所有的法是色空不顯的，你要內修才能見法。即告訴修行弟子們，要破掉那個色空感受之相。因為它是一種物質意識，對於靈魂覺醒是一種障礙）。下來他又道出了靈魂的實相是「**不生不滅，不垢不淨，不增不減**」（其意思說，靈魂不像物質那樣有生有滅，不像意識那樣不垢不淨，不像業力那樣有增有減）。靈魂為什麼不像物質軀體那樣呢？下來說「**是故**（即原因是靈魂）**空中無色，無受想行識，無眼耳鼻舌身意，無色聲香味觸法；無眼界，乃至無意識界。無無明，亦無無明盡，乃至無老死，亦無老死盡**」（這些都是肉身的感受意識）。整段話，以人身感受比擬來描述靈魂的實相；告訴大家，靈魂是沒有人類這些生命特徵。這生命意識之「五蘊」對於靈魂來說是一種空相。只有人的軀體才受五蘊的捆綁。接著說，「**無苦集滅道，無智亦無得。**」（「苦集」即所有痛苦的意思。「滅道」即通過修道——滅掉痛苦。意思說靈魂，它是以「知覺心」存在，本無痛苦。只有人身才集於這「色受想行識」這五蘊的意識之苦。言下之意，修的是人身，不是靈魂。）接著「**以無所得故，菩提薩埵，依般若波羅蜜多故**」（意思說，靈魂是無所謂肉身的那些痛苦的，依照這個「般若波羅蜜多」法去修就行了）。接著「**心無掛礙，無掛礙故，無有恐懼，遠離顛倒夢想**」（意思說，靈魂是沒有什麼的掛礙、恐懼、顛倒和夢想這些肉身感受的現象。這些現象都是頭腦的意識所致的；如果我們的五蘊皆空（認識）了，靈魂自然覺悟。）「**究竟涅槃**」（即靈魂解脫的意思）。接著「**三世諸佛，依般若波羅蜜多故，得阿耨多羅三藐三菩提，故知般若波羅蜜多**」（意思說，三世諸佛他們都是如此修行這「般若波羅蜜多」法的）。「**是大神咒，是大明咒，是無上咒，是無等等咒，能除一切苦，真實不虛。故說般若波羅蜜多咒**」（意思說，「般若波羅蜜多咒」，是至高無上之大法，能讓你解除一切痛苦，真實不虛的。所以傳授給弟子們）。「**即說咒曰：**（意思說，現在就一起來念吧！）「**揭諦揭諦，波羅揭諦，波羅僧揭諦，菩提薩婆訶**」（這是「般若波羅蜜多」法的咒語）。

整個《心經》大概就是這個意思。不過《心經》裏透露的法乘，只是大乘法——即靈魂涅槃。還不算是上乘法。為什麼呢？也許當時眾生的因緣吧，觀世音菩薩還沒有把靈魂說破。即沒有說破靈魂之「不生不滅，不垢不淨，不增不減」的實相——就是指純靈知覺。所以《心經》只講到大乘法（**靈魂涅槃**）。而上乘法——是報身成就法，講的是純靈知覺的回歸。

在法乘上，有小乘（**即聲聞乘**）——界面為三界內；中乘（**即緣覺乘**）——界面為十界內；大乘——界面為十一界到十八界；上乘——為十八界以外——即外昆塔或博伽梵境地（**亦稱摩延境界**）。所以，大乘法的靈魂涅槃，嚴格上還不是究竟解脫的。你看，《心經》裏說「究竟涅槃」，這就說明了靈魂還在梵的層面（**十八界以內**），沒有真正的靈魂解脫。大家可以去琢磨一下，靈魂解脫是什麼的概念？就是純靈脫開了「魂」的意思嘛。「涅槃」是一種無知覺的狀態；即靈魂在梵時，它是以一種無知覺狀態地存在。這就是《心經》說的修行果位——即十八層以內的涅槃狀態。

今天告訴大家，涅槃狀態——即無知覺存在的狀態。這就是佛教說的靈魂解脫。如果按修行果位論之，最高只是大菩薩果位。而知覺狀態的靈魂解脫，則是純靈回歸，佛的果位。這是上乘法與大乘法之不同。今天，以上乘知覺法來解讀《心經》的話，對整個靈魂來說，「不生不滅」是成立的，「不垢不淨，不增不減」就不成立了。前面分析過了，因為「靈魂」帶有「識」的業力，而業力是有增有減的。所以，嚴格上「不生不滅，不垢不淨，不增不減」是指靈魂裏的純靈，不是說靈魂。那《心經》是不是就錯了呢？非也。那是法乘所賦予的修行課程，或觀世音菩薩所展示的因緣說法。這裏給大家透露一點秘密。觀世音雖然叫菩薩，可觀世音本人是佛的等級呢，意思說他已回歸主奎師那了。為什麼還稱菩薩呢？那是因為當時釋迦牟尼佛是主奎師那的代理人，主奎師那派他下來傳道佛法。因此，他就叫佛。當時「佛」是最高的代表（**即佛法傳道的最高之稱謂**）。所以「佛」下面的稱謂——就叫菩薩。因而，在佛教裏就只有釋迦牟尼稱佛，其他的都稱為菩薩；如觀世音菩薩、大勢至菩薩、文殊師利菩薩、普賢菩薩等等。然而，這個稱謂並不代表著他們就是菩薩的等級。也就是說，一切回歸主奎師那的，都是佛的等級。這就是觀世音菩薩稱謂的來龍去脈。

《心經》對於修小乘和中乘的眾生們，還是有一定的作用的。這個我們要理解。可是，修摩延上乘法，是講知覺修心的。因此，對靈魂要有更深層的認識，才能吻合於純靈的知覺性。故此，大乘法與上乘法，兩者主要是修行的果位不一樣；一個是究竟涅槃（在梵界十八層）——果位是大菩薩，一個是究竟解脫（回歸主奎師那）——果位是報身佛。也就是上乘法是知覺法；知覺法乘的核心思想，就是純靈知覺回歸。所以，此法乘所涉及的知識課程，就是圍繞有關物質軀體與靈魂的關係——即超然知識。

第 5 章

痛／苦／根／源／與／物／質／自／然

第5章 痛苦根源與物質自然

痛苦這一概念，不同的人生觀有不同的理解。追求物質功利的人，他們渴望擁有富貴榮華而得不到金錢上的滿足——會痛苦；追求婚姻感情的人，他們得不到婚姻的美滿——會痛苦；追求名利的人，他們得不到個人的期望值——會痛苦等等。這些痛苦根源，其實都來自於物質自然三形態——作用人的感官而產生的一種色空感受。物質自然三形態它是一種虛幻能量；它以善良、情欲和愚昧三種意識形態，植根於人的感官思維裏。因而人的感官必然圍繞著這一善良、情欲和愚昧三種意識形態活動。這是人們無法抗拒的一種麻亞虛幻能量。

正是這種物質形態的虛幻能量，使人不斷地接受物質誘惑去追求物質感受。這種物質感受是自然而然的；它是物質生命的活動土壤，使其物質生命活動於它的作用下——展示出多姿多彩的生命物質世界。這種多姿多彩的生命物質世界，就叫作「物質自然」。換句話說，「物質自然」是必然於人的意識形態之善良、情欲和愚昧三種形態的混合活動。所以，人的生命感官活動不能離開它。為什麼呢？那是因為人的感官生命是「物質自然」的產物。因而，物質自然三形態——便自然成為人的感官活動之源。所以，表現在人的感官知覺上——便產生出不同的心理活動。如我們現實生活中的每一個念頭，或每一個行為，都是其物質自然三形態作用影響的結果。換句話說，沒有「物質自然」，就沒有物質生命；沒有物質自然三形態，就沒有感官知覺活動。所以，人就是這樣自然而然地感受著——自己和物質的真實存在，並不自覺地追求著這一切的感受。

那麼，這樣的感官活動或感受，到底該，還是不該的呢？答案是，沒有該或不該。生命展示出這一多姿多彩的生命狀態，那是必然的。所謂必然，即物質軀體的意識活動——必然於「物質自然」的因果世界中。那就說明了，「物質自然」賦予人的生命活動的結果，就是一種因果循環。這是「物質自然」對其生命體（人）的生命展示之目的意義。不然，這物質世界寂靜一片。怎麼理解呢？

首先我們要知道，主奎師那把祂的游離知覺（**生物**）投放到物質自然中，就是為了宇宙運作生生不息。那麼，宇宙要生生不息，那就需要高等頻率的物質生命能量；這高等頻率的物質生命能量，就是人與物質自然互動——產生物質自然三形態之意識能量。也就是說，如果沒有生物體（人）與「物質自然」相互動，就沒有物質自然的善良、情欲、愚昧這三形態的物質生態能量。沒有物質生態能量，就沒有物質世界的多姿多彩。這就是物質世界和物質生命的展示意義。

所謂物質世界的多姿多彩，從宇宙宏觀上來說，就是物質生命的生生不息；從宇宙微觀上來說，就是物質生命各種不同的生命展示狀態。這就是「物質自然」展示的因由。換句話說，「物質自然」——既是物質生命的活動土壤，又是靈魂的修煉平臺。怎麼理解呢？所謂物質生命的活動土壤，即人的心意在其活動下——展示出善良、情欲和愚昧三種意識形態的生命狀態。所以，「物質自然」對其生物體（人）的生命展示意義，就是使其物質感官活動心意化。就這樣，人的感官心意自然就有善良、情欲、愚昧這三種物質意識形態。這三種物質意識形態，是人之感官活動的物質生態能量，又是人與生俱來的生命形態。換句話說，人的物質生命處於善良、情欲和愚昧三種意識形態——是必然的。如果人的物質感官，沒有物質三形態之能量作用，人就像動物一樣——沒有生命活動的獨立性。

人類之所以與動物生命展示的不一樣，就是人類具有感官活動心意化這樣的生命結構。因而，人在「物質自然」的土壤下，自然而然感受著自己和物質的真實存在。這不是該不該的問題，而是我們如何認識「物質自然」存在的實質意義。只要認識了它，人才不會迷惘於物質展示的那個「多姿多彩」而不自覺地追求這一「色空」感受。否則，「物質自然」便讓我們生死輪回於痛苦之中。說白了，「物質自然」就像一個生命「遊樂場」，我們沉迷在這個生命輪回的「遊樂場」裏，必然是樂極生悲的；苦短的人生快樂，就是其夢幻痛苦的開始。即虛幻現象且不永恆的「物質色空」感受所帶來的痛苦和煩惱。

那麼，既然「物質自然」這樣地讓人痛苦，為什麼主奎師那還要把我們放到「物質自然」去呢？這是個根本性的話題。那就是人要認識到，物質生命與其物質自然三形態（善良、情欲、愚昧）相互動，只是一種生命遊戲規則；只要你明白了它，你就不會受這一遊戲規則所影響和困擾。也就是說，這一生命遊戲規則，只對應那些無明於「物質自然」虛幻現象的人，才致使他們依賴物質或追求物質，從而產生欲望上的痛苦。所以說，主奎師那把生物放到「物質自然」去——並不是要人們去享受物質，而是為了宇宙的生生不息。

與其說為了宇宙生生不息，不如說是為了生物之純靈的知覺提高。怎麼理解呢？那就是說，宇宙生生不息之高等頻率的物質生命能量（生物）——是其宇宙運作的動力；「物質自然」——是其生物能量展示的活動空間；生物和「物質自然」——是宇宙知覺的一種能量展示。言下之意，生物和「物質自然」展示之前——宇宙知覺就已經存在。那麼，這宇宙知覺的存在和展示的形式是怎樣的呢？宇宙知覺的存在形式，就是主奎師那的一種游離知覺；宇宙知覺的展示形式，就是一種知覺能量。前面不是說過嗎？主奎師那在創造梵天時，「嗅姆伽」這聲音能量——便創造出梵的空間，這個空間就是「物質自然」。為了宇宙的生生不息，主宰師那把這種游離知覺，以純靈或靈質投放到這個「物質自然」空間裏。也就是先有游離知覺（純靈或靈質），後有生物和「物質自然」。所以，純靈——實質是主宰師那的游離知覺；生物——實質是游離知覺的能量物質；「物質自然」——便就是生物展示的活動空間。

因此，對於生物來說，「物質自然」就是其生命活動的物質土壤；對於純靈來說，「物質自然」就是其知覺修煉的大熔爐。所以說，「物質自然」既是物質生命的活動平臺，又是純靈知覺提升的修行空間。我們要弄清楚純靈、生物、「物質自然」這三者的關係，才能不無明於「物質自然」的虛幻現象——而跌落於物質依附和物質追求的欲望痛苦上。

純靈、生物、「物質自然」之間有著千絲萬縷的聯繫；它們既有聯繫，又各自為政的。生物放到「物質自然」去，其真正目的就是為了純靈知覺性的提高。這是「人為什麼要修行」的一個根本性話題。

生物——是物質宇宙展示的活動能量；純靈——是生物的知覺因子；「物質自然」因其生物知覺因子而展示，因其生物能量而創造。怎麼理解呢？也就是說，在物質宇宙展示時，主奎師那祂的游離知覺（純靈或靈質）展示出物質知覺的能量以後，才有「物質自然」。即先有生物和能量梵，後有「物質自然」。

生物——即為知覺部分，能量梵——即為物質能量。換句話說，主奎師那祂的游離知覺與祂的物質能量，創造了生物和能量梵。即游離知覺（純靈）產生了生物；物質能量產生了梵能量（簡稱梵或物質自然），這就是生物和「物質自然」的由來。

生物是主奎師那最早期創造的物質知覺元素。所謂物質知覺元素，就是物質能量的知覺性。怎麼理解呢？就是說生物，既展示物質能量，又展示純靈知覺這樣一種宇宙因子。從生物到「物質自然」誕生以後，物質展示便進入宇宙金銀銅鐵四個年代之周而復始；這周而復始四個年代，就是生物之純靈知覺提純的物質展示週期。這裏要細說一下——關於生物和純靈。

一直以來人們對生物這個概念都比較熟悉，而對純靈這個概念不太知道。這是緣於形而下用知識與形而上道知覺認知的問題。也就是說，「生物」這一概念——是形而下用的知識，而「純靈」這一概念——是形而上道的知覺（**又稱超然知識**）。它倆既一又不一，即即一即異。即一——就是純靈知覺是生物知覺的本源（**即兩者本質上是同源的**）；即異——就是純靈是靈性知覺（**簡稱知覺性**），而生物是要梵覺的（**屬能量範疇**）。那麼，生物（**即生和物**）在物質宇宙展示裏，它是一種知覺的能量展示。也就是整個物質宇宙，能量就是宇宙展示的內容。因而，純靈在物質宇宙展示時，同樣以知覺能量展示。純靈之所以以知覺能量展示，就是因為它要跟「物質自然」打交道。所以，便有了一個跟物質有關的名字——叫生物。這就是為什麼人們只認識生物，而不太知道生物的內涵就是純靈的原因。這些名詞搞清楚了，下來才好理解主奎師那的知覺和能量的關係。

對於主奎師那來說，知覺與能量是一個整體。然而，我們對宇宙的認識，知覺與能量是兩個概念。知覺是能量的源頭，能量是知覺展示的內容。所以「能量」，是知覺展示物質宇宙內容的一個總稱。換言之，物質宇宙——就是主奎師那知覺展示的能量內容。譬如，生物在展示時以能量展示的——叫生物能量；生物能量推動「物質自然」時，就叫生物梵。那麼，能量梵，就是其生物梵的總稱。也就是「能量」是一個廣義的別稱，指宇宙內一切物質的能量展示。「能量梵」是狹義的別稱，指生物的能量展示。換言之，生物能量、生物梵、「物質自然」等，都是能量內容之能量梵。即實質又是知覺能量展示的一種。譬如，游離知覺運行時，所展示出的那個空間場態——就叫梵。這個梵，就是生物展示之地——亦即「物質自然」。而游離知覺運行時的那個能量——叫生物能量；這生物能量展示於「物質自然」的造化中——又叫生物梵。簡而言之，知覺空間場態（即梵）——叫「物質自然」，知覺的能量（即生物能量）——叫生物梵。

又如，梵（即物質自然）——是生物展示的因果之地；生物梵的推動能量——又展示出「物質自然」的三形態；「物質自然」的三形態——又展示於物質生命之感官活動；物質生命感官的無明——又活動於「物質自然」三形態的虛幻現象上，最後生命於因果循環中。

你看，生物的能量——推動了「物質自然」，「物質自然」又因生物的生命展示——產生了「物質自然三形態」的虛幻能量，「物質自然三形態」的虛幻能量——又構成了物質生命的因果輪回。這就是梵、「物質自然」、生物能量和生物梵它們之間的關聯性。生物就是這樣展示於「物質自然」中。

在宇宙物質能量展示中，因果之地——亦即梵世界（**簡稱梵界**），它與因果世界不是一個概念。因果世界——是物質生命的生死輪回之地，它是一種因果循環。所以叫因果輪回。而因果之地——是生物能量或生物梵的展示之地，所以叫梵界。兩者各有不同的展示作用；「因果世界」是生命隱和顯之宇宙法則；「因果之地」是生物能量回歸於梵之涅槃的地方。所以，「因果之地」實質是生物之生命輪回的間歇之地——即生命涅槃（**在無知覺狀態**）。

說到涅槃，這裏釋義一下「涅槃」一詞。因為在佛教的教義中，他們認為已經了脫了生死的境地。然而並非如此。涅槃的意思，是指生命歸於不展示。即回歸於梵世界的生物——以梵的能量形式存在的一種狀態，實際只是生命的涅槃。換句話說，就是生物暫時不以物質生命展示的一種存在形式，其靈魂並沒有解脫。當然，在梵世界裏的生物，由於沒有了物質軀體，自然就沒有物質軀體帶來的感官痛苦之感受。那麼，相對肉體來說，這無疑是一種痛苦的解脫。然而，這種解脫只說明解脫了感官痛苦之感受而已，並不能說明已經了脫了生死。因為本生物還是在因果輪回中。

我們應該知道，靈魂是生死輪回的生命主人。沒有靈魂亦就沒有生命。靈魂是生死輪回的見證者。所以，在梵界涅槃的生物，恰恰說明靈魂是沒有解脫。涅槃的生物，只說明靈魂離開了生命軀體，以「生物梵」的能量形式——暫時涅槃於無感官知覺的狀態中。要知道，物質生命的生與死，是生物的物質展示形式。不管梵能量形式，還是生命能量形式，它都是生物的物質展示形式。只是梵能量是一種精微物質，它不同於生命能量展示的粗糙物質（有軀體）這樣可以被人們看得到或認識得到。所以，人們便以為涅槃了，就等於靈魂解脫了。我告訴大家，涅槃狀態只是生命解脫——即暫時無肉體之感官痛苦的感覺罷了。但是靈魂依舊在混沌狀態中——不能自我覺悟。對於一個修行者，這不是最終的目標。

所以，我們不要被涅槃於無感官知覺狀態的生命間歇期所蒙蔽。其實，涅槃於無感官知覺狀態的生命間歇期，實際是生物之生命的分段生死而已。怎樣理解呢？就是在「物質自然」的作用下，生物在修煉或修行的生命展示期間，其物質軀體的不永恆之有生有死。這就是因果世界的展示作用——

生死循環。梵世界的存在意義，就是為了生物的生命之分段生死而存在的。

梵世界跟因果世界不是一個概念，它們之間：一個是能量空間（梵世界），一個是能量現象（因果世界）。雖然都是無形的，但它們的存在形式不是一回事。「梵世界」是一個生物能量展示構成的能量界，是展示生物能量的大小之境地，所以叫能量空間。

而「因果世界」是一個物質生命意識形態構成的因果界，是展示生物的生命意識——產生因果輪回之生死境況，所以叫能量現象。

能量現象與能量空間，都是一種精微物質展示。對於人的感官頭腦是無法認識的。相對人的感官認識，精微物質展示是虛空的一種展示。所以又叫虛幻能量。正因為虛空的一種展示，人的感官無法認識而不知不覺沉迷於它的幻象中——不能自拔。這就是為什麼「物質自然」會讓人產生痛苦煩惱的原因。

然而，這是相對的。我們經常都說「煩惱是菩提」。相信大家也都明白其中的道理，只是無法超越它。今天為什麼要論述開示這個題旨，就是要我們去如何認識和超越「物質自然」帶來的物質欲望之痛苦的煩惱。

現在我們大概瞭解了「物質自然」是什麼回事。它是一種虛幻能量。其物質軀體就是「物質自然三形態」展示的活動載體。所以，「物質自然三形態」只是對應人的感官意識的。即「物質自然三形態」作用於人的感官所產生的一種思維意識狀態。這種意識狀態不外乎表現為——善良、情欲和愚昧的生命展示形式。

那麼，一個生命體（人）的構成，雖是由物質軀體和靈魂知覺構成的。然而，這個「物質自然三形態」所展示的物質活動載體（人），其知覺的部分（靈魂或純靈）是獨立的。怎麼理解呢？在「宇宙創造者」這一篇章裏，對物質自然三形態如何與人的意識相互作用，作了一定的釋義。就是說，生物（靈質）釋放到物質自然空間時，原本善良本性的靈質（即純靈），和原本情欲本性的物質生命——受其物質形態的作用而混合為物質三形態（即善良形態、情欲形態和愚昧形態）。也就是說，原本純善良的純靈，當和原本純情欲的物質生命組合成一個生命體時，內在那個靈質（純靈）的善良本性，自然而然受到物質三形態的遮蔽。

所謂混合為物質三形態，是指感官意識的混合，並不是純靈知覺混合。

為什麼呢？因為純靈知覺是靈性知覺，它不會與物質知覺混合的。正是純靈知覺不能混合，人才有覺悟的可能。這就是人與動物的不一樣。

那麼，物質自然三形態，如何與人的感官意識混合的呢？它就是通過人的心意之意識形態。即以一種能量態勢——展現在人的思維意識上，使人整個物質身軀——都受制於它的能量作用而活動。然而，這物質自然三形態只對物質意識起作用，對靈魂是不會起直接作用的。

所謂「不會起直接作用」，這是從靈魂的知覺性（純靈）的角度而言。也就是靈魂的知覺性與「物質自然三形態」的物質性——因其本質的不相容。所以物質自然三形態對靈魂——不會起直接作用。然而，雖然對靈魂不會起直接作用，但由於靈魂的「魂」與心意是相連的。從「魂」主外——這個功能角度來講，是很容易受人的物質意識影響而導致靈魂知覺受遮蔽。

不過，「魂」也不是直接受影響的，它受魂氣的污染時才被影響。怎麼理解呢？「魂」主外，實際是指與感官心意相互動的那個魂氣，它是人體生命之氣之一。所以魂氣是很容易受人的感官意識影響的。因而，「魂」就這樣被間接受污染。

在人的身軀裏，「魂」和「魂氣」不是一個概念。從本質上，「魂」是一種靈與物的介質，「魂氣」是一種形態氣質。就像水和水分子一樣，水是一種流質形態，我們一眼就能看得到；而水分子是物質分子結構，我們要用顯微鏡才能看得到。那麼，水分子的結構恒定不變的，而水的流質形態是可以與其他流質物質發生變化。這個例子說明，固態與液態的展示空間不同，其展示結果就有所不同。也就是說，「魂」和「魂氣」它的展示空間——其作用結果是不同的。比如「魂氣」是一種精微物質形態，展示於——遊走整個物質身軀，其作用是——維繫物質生命知覺之氣；而「魂」是一種介質，展示於——靈與物之間的媒介作用。

從「魂」和「魂氣」的活動狀態來看，「魂」是一種靜態展示，「魂氣」是一種動態展示。「魂」的靜態展示：就是在人的身軀裏——體現於靈與物的媒介作用（即鏈接於純靈知覺）；在身軀外——作為純靈的知覺外衣，展示為個體靈魂投胎生命。而「魂氣」的動態展示，就是在人的身軀裏——作為生命知覺之氣。所以，它受一定的物質意識污染。因此，當靈與魂離開物質軀體時，受物質污染了的「魂氣」便變成一種業力——使靈魂墮落，致使純靈不能解脫回歸。因此，靈魂解脫必須要先使魂氣乾淨。這是修心的必然之理，也是必由之行。

通過修心之法理（**超然知識**）和行之——端正心意的正向思維的理行二入，使感官心意常處於善良形態中。這樣，「魂氣」在活動狀態下，就不容易受物質形態之——愚昧和情欲形態的影響而變成一種業力。即使一時受影響污染了，在我們的善良形態心意下——亦很快會化解。

業力與業識是怎麼的關係呢？業力與業識是一體兩面的。業力是一種無明之能量——使靈魂墮落；業識是人生無明之意識——使人愚昧無知。這兩種「業」，對於人生來說，可以說是一樣的。只不過一個是對靈魂而言，一個是對感官而言，都是對純靈的解脫不利的。這就是靈魂間接受「魂氣」影響而被遮蔽的原委。

綜合所述，嚴格上說靈魂是不會受物質影響的，只是當靈魂投胎於人身時——靈主內，魂主外。就是說，魂主外的「魂氣」遊走於整個物質軀體時，「魂氣」不免會受感官心意的物質意識影響——而使靈魂間接受影響。

然而，這感官心意，既然可間接影響「魂氣」，那麼便說明我們亦可以通過善用心意來影響「魂氣」去改變靈魂。所以，「魂氣」也可以看作是靈魂覺醒的希望。怎麼理解呢？就是正因為「魂氣」容易受人的意識形態的影響，所以我們就可以利用心意之正向思維，使感官意識常處於善良形態中——改變「魂氣」的物質傾向性。即感官意識——處在善良形態時，「魂氣」就自然乾淨；處在愚昧形態時，「魂氣」就會墮落、陰沉；處在情欲形態時，「魂氣」就衝動、激情澎湃。換言之，「魂氣」是隨著我們的心意變化而變化的。因此，我們的心意隨時處於善良形態中，就能使「魂氣」保持乾淨。這是修心的關鍵。時刻端正心意的正向思維，就是善用心意了。這是「魂氣」不受愚昧和情欲形態影響的保證。

一個人受負面情緒波動時，如何善用心意呢？負面情緒的波動影響——是一種心態，而善用心意——是一種思維意識。所以，當一個人受負面情緒波動時，首先是控制情緒——讓其心情平復下來；心情平復了，才有清晰的思維意識。也就是在理智的狀態下，才有善用可言。你看，當我們心情糟糕的時候，你的「心」都不知在哪了。此時怎麼的善用呢？所以，控制情緒是首要的。控制情緒平復心情，是一種意志力的行為表現。也就是說，善用心意不是一時的行為實施，而是平時修行培養的人生修為。即一種意志力恒持於修行上。那麼，意志力也好，修為也好，它都是要通過修行學習，才能善用而為之。否則，說什麼都沒有用。

修必行，行必精，精進德行座右銘，善用心意而行之。這樣，人的身心就能健康快樂，負面情緒就與你無緣。這時，「魂氣」便隨著你的正向思維處於清靜中；「魂」就能發揮它的靈與物連通之媒介作用——為純靈保駕護航。這個「魂氣」的影響，說明了什麼呢？說明了「魂氣」的本質——是人的生命之氣，影響也是必然的。只要我們懂得端正心意之正向思維，「魂氣」也會從污染中得到淨化。這裏有一點要明確的，就是雖然「魂」會受「魂氣」的物質污染影響，但它的靈與物媒介本性——是永恆的。這一點是奎師那知覺心法的知識重點。

從「魂」的本質性上來說，「魂」它是主奎師那的外在能量之精微物質知覺，它體現在純靈的知覺「外衣」上。所以，「魂」的本質是永恆的。也就是說，靈和魂是兩個概念。靈（即純靈）它的永恆性不用說了，因為它是主奎師那的游離知覺，所以本質永恆，當然不受物質自然三形態的污染。然而「魂」它是一種精微物質知覺，可受物質身體之氣的影響。但是，它的物質知覺性是永恆的。那麼從物質不永恆的角度來說，那不就自相矛盾了嗎？所以，「魂」的永恆性，要從主奎師那的能量展示說起。

在宇宙能量的展示中，主奎師那有「直接展示能量」和「化身展示能量」。「化身展示能量」——就是祂的外在能量之物質展示（由超然主宰化身維施努掌管）。而「直接展示能量」——就是祂自己的內在能力之外在展示。兩者展示的物質性不同。如外在能量之物質展示——即整個「物質自然」是不永恆的。而內在能力之外在展示——是從靈性過渡到物性的一種特殊的物質展示。它介乎於靈與物之間的一種精微介質，其本質永恆的。但它又不歸屬靈性世界。怎麼理解呢？也就是說，「魂」它是一直存在於物質世界中——作為純靈的生命知覺外衣之用的。比如，一個個體靈魂解脫了——純靈回到靈性世界時，「魂」它作為本純靈的這件生命知覺「外衣」，就會留在物質世界上；等到本純靈有需要到物質世界時，它又再次成為本純靈的生命知覺「外衣」。即成為本個體靈魂或生物。也就是說，「魂」在物質世界它的永恆性，乃是因為它是純靈的生命知覺「外衣」；當本個體靈魂投胎為人時，「魂」既是作為本純靈的知覺「外衣」——進入物質軀體裏，又作為純靈生命展示的知覺媒介——與感官心意相連通。那麼，當純靈離開物質軀體回歸靈性世界時，「魂」被脫離了後，留在物質世界的是何樣相體的呢？我跟大家說，「魂」之所以永恆，皆因它是作為生物的修行史冊，記載著本純靈的整個生命修煉過程。這就是「魂」留在物質世界的功能作用。也就是說，當純靈修煉成功（**即純靈回歸靈性世界**），其修行史冊裏就記載著——本純靈已「成就」了這樣的光環。這個「成就」光環呀，當本純靈有需要到物質世界做靈性工作時，便展示出本純靈已「三身成就」此修行的標誌。也就是說，這個「三身成就」是在梵裏面展示的，不在靈性世界展示。靈性世界展示的——只有法身和報身。所以，靈性世界是沒有化身這一說的。為什麼呢？因為化身是一種能量展示，而能量是一種精微物質。所以，能量只能在物質世界展示，不會在靈性世界展示。

因此，在靈性世界，純靈體——是以報身知覺論資排輩的。也就是說，以報身知覺展示的法身之大小來論資排輩；法身大一點，就能靠大本體近一點。大本體是什麼的概念呢？就是主奎師那的知覺本體（**簡稱大本體**）。換句話說，法身大一點，就離主宰師那的本體近一點，其法力就大一點。這是純靈體——在靈性世界所追求的功德果位的排位。

在靈性世界，靠大本體近一點，就意味著不光他的法身大一點，而且他的法界影響力，也會隨著法身越大，他的化身能量就越大。這就是法、報、化三身的展示關係。

那麼，法身和報身，在靈性世界是怎麼的關係呢？法身——是報身的知覺名銜，報身——是法身的個體知覺。所謂法身，就是宇宙個體知覺的展示身份。「法」即宇宙法界。所謂報身，就是回靈性世界報到的那個個體純靈知覺。「報」即回上面報到的意思。所以，「法身」是關於純靈知覺的成就，「報身」是關於純靈本體的修行。言下之意，「報身」成就了，才有「法身」可言。也就是從下麵（**娑婆世界**）回到上面（**靈性世界**）——就是「報身」修（行）成就了；此時，純靈本體知覺——便是「法身」也。從上面（**靈性世界**）下到（**娑婆世界**）——即「報身」下凡工作；此時，純靈再次穿上它的生命知覺「外衣」（**魂**）的時候，他就是一個偉大的靈魂。這個就叫三身成就。你看，純靈一直都是圍繞著「報身」的修與成。這一切的記載，就是純靈修行的歷史檔案。這個純靈修行歷史檔案，在梵裏是可以看得到的。所以，在物質世界「三身成就」不是憑空而來的。

在梵「三身成就」是怎樣顯示的呢？就是那個靈魂的成就光環——在梵裏顯示著。也就是說，當這一個個體靈魂在人的生命裏，這個光環就是他的法身能量——承載著靈性使命。此時，他度化眾生的能力，就是他的化身展示能量；他本生命裏的純靈知覺，就是他的報身知覺能量。這就是在物質世界做靈性工作，或帶有度化眾生使命之法、報、化三身展示。

「魂」的永恆性，也就體現在純靈的修與成的修行史冊上。這就是「魂」和「魂氣」的展示作用之不同。

一直以來，人們對靈魂神秘莫測。雖然某些經典對靈魂的定義永恆不朽，但他們不知道靈魂為何永恆。為什麼呢？就是法乘的課程展示問題。今天把靈魂展開來論述，乃是因為奎師那知覺心法之法乘的展現。不然，我們對靈魂解脫的理解，一直停留在經典裏的傳說；對靈魂永恆不朽的說法，一直在概念上繞來繞去。我們想想看，靈魂為什麼永恆不朽呢？它恒在哪里呢？既然靈魂永恆了，不就已經在靈性世界了嗎？為什麼還說，靈魂要解脫回靈性世界呢？到底要脫的是什麼呢等等？為什麼人們不懂得去思考和反問這一根本性的話題？這就因為人們的認識和理解全都在概念化的知識上（**即形而下用的知識上**）。所以關於靈魂的內涵就無從知曉。

要知道，形而下用的知識，是形而上道知覺的一種顯用。所謂顯用，即概念性的東西。它是對應物質頭腦的。換句話說，知識的內涵，或法理的精髓，它不是顯用的東西，它是形而上道的知覺——即超然知識或知覺能量。所以，必須由祂的絕對奉獻者代言展示。因此，今天就給大家徹底地搞清楚這個根本性的話題——靈魂知覺。也就是說，靈魂知覺不是形而下用的知識。它是——來自主奎師那源頭的知識。這些源頭知識——就是奎師那知覺心法。

作為奎師那知覺的修行者，三身成就——就是其修行的終極目標。奎師那知覺心法——就是其法行三身成就之保證。什麼叫法行呢？就是心法行於報身修。所以，奎師那知覺之一系列的修心證悟，就是其知覺心法行。是奎師那知覺——在人世間修行的超然知識或知覺能量。

我們對靈魂知識作了一番瞭解後，對人生修行應該有點認識了吧。那就是要面對生命中之靈與物——所展示的人生修行課題；靈——即靈性修行，物——即物質自然三形態。歸根到底，就是純靈於生命中的靈魂——必須要解脫的。這是每一個人的生命修行使命。通過靈魂知識和「物質自然」的認識，從而明確生命修行的目的和意義，就是為了純靈知覺的提升。即修正我們的心意與靈魂達成知覺共識。當我們的心意與靈魂達成了知覺共識，就能超越「物質自然三形態」對你生命中的物質鉗制。這時，人就不會為物質而生，為物質而死。而是為了純靈知覺回歸——努力修行。

人生之所以痛苦，就是「物質自然三形態」的物質鉗制，使人處於一種無明的生活狀態中——為生命而生命。這就是人生痛苦的根源。

所以，希望修行的你，珍惜所有因緣。好的，壞的，一切都是該的。這就是人生。我們生活中出現的那些困難或不順，就是修行的功課。所謂修行功課，實質就是我們修行要了脫生生世世的業力時，所出現的生活困難和障礙。所以，我們對生活中那些不如意的人和事，不必怨天怨地。否則，便陷入「物質自然三形態」的物質鉗制的痛苦中，成為一個為生命而生命的無明人生。

純靈知覺與靈魂知覺有什麼的區別呢？純靈知覺——是靈魂的核心，靈魂知覺——是生命的核心。要是從修行靈魂解脫的角度來說，純靈知覺和靈魂知覺是一個意思；靈魂解脫，實質就是純靈知覺的回歸。那麼純靈知覺要回歸，生命核心的靈魂知覺——就必然要先覺醒；靈魂知覺覺醒了，才有純靈知覺提升的可能。要是說兩者的區別，那就是純靈知覺提升——是修行的目的，靈魂知覺覺醒——是修行的手段。

第 6 章

感／官／心／意／與／知／覺／心

第6章 感官心意與知覺心

真正修行實質是修心。修心要修正的就是我們的感官心意。那我們的感官心意與知覺的心有何關聯呢？知覺的心——是指心意面向純靈知覺時那個心意狀態（簡稱知覺心）。感官心意——是指人的內感官，它既是軀體感官思維的活動因子（產生活動行為的），又是認知、學習的感知工具。從知覺性來說，它屬於物質知覺的精微物質。

感官心意與知覺心的關聯——就在於那個「心」。怎麼理解呢？「心」屬於知覺元素。所謂知覺元素，就是可驅動人的靈（即修行）和物（即生活）這倆知覺之活動。那為什麼叫心意呢？就是因為「心」是靈物兩用的知覺元素。人的感官活動本身是依托「意根」而動的（簡稱意動）。意根是什麼呢？就是人的色身所依托之物。即人的眼、耳、鼻、舌、身這五根——所依托「意」根的感官活動。換句話說，意根（簡稱「意」）就是人的感官之五根的和合之因。那麼，「心」就是「意」之活動的覺，兩者結合，就是人之感官活動的知覺。也就是在人的心意活動中，「心」於物質知覺（用）時，其「心」必然是「意」之動向的活動知覺；此時，便是「心」隨「意」之用——心意也。當「心」於靈性知覺（用）時，其「心」便與純靈知覺相通；此時，是「心」於「智」之用——知覺心也。簡而言之，心意——就是指那個物質知覺活動。知覺心——就是指那個靈性知覺活動。

那麼，知覺心與純靈知覺又有何區別呢？從靈性知覺上來說，它們基本上沒什麼區別。只是「知覺心」是一種活動狀態——表現於靈魂覺醒，而「純靈知覺」是一種知覺性——存在於靈魂中；一個是動態活動——它對應的是感官思維，一個是靜態活動——它對應的是靈魂知覺。換句話說，動態活動的「知覺心」——是對應人的靈性修行；靜態活動的純靈知覺——是維繫生命的知覺性，並以核心知覺統領著人的上層建築——頭腦，兩者相輔相成展示於人的心靈覺性。

人的心靈覺性在修行上，是展現為修心和覺性兩個部分。修心——即指人的心於「智用」之靈性活動；覺性——即指人於靈性修行的那個知覺心；兩者相輔相成——就是人之靈魂覺醒，兩者達成一致——就是靈魂解脫。所謂相輔相成，就是修心之與純靈（知覺心）相互動；所謂達成一致，就是修心「智用」於知覺心——常在覺性中。怎麼理解呢？也就是說，靈魂覺醒，指的是修心與純靈（知覺心）相互動的一種修行活動，表現在心於「智用」之活動中。而靈魂解脫呢，是指純靈已打開了知覺通道，表現在心於常在覺性中。換句話說，靈魂覺醒是一種活動現象，靈魂解脫是一種知覺狀態。所以，人要是修行至靈魂解脫的話，他必須是心於「智用」到純靈知覺的通道開啟。這時，靈和魂方可脫離——即靈魂徹底解脫。

言下之意，人在有生之年，必須是心於「智用」到純靈知覺的通道開啟。否則，生命之維繫者（純靈）當離開軀體時，便與「魂」結合——又重新回到靈魂狀態。這時，純靈的知覺性又被「魂」和「識」的物質性遮蔽——再次成為靈魂。要知道，靈魂本身，實質是包含了純靈、魂和業識的。這是絕對性的靈魂知識。一直以來都沒人去把靈魂說破。這就是奎師那知覺上乘法與其他法乘的不同之處。

的確，人們無法看到純靈。那是因為在物質宇宙空間裏，「純靈」它不能單個地赤裸展示。它需要依存於「魂」作為個體存在和展示。也就是當純靈回到靈魂狀態時，它的核心知覺就很難展示。所以，人們無法知曉和看到它。

所謂核心知覺，就是指人的生命之物質和靈性兩知覺的活動。即人之生命展示的維繫知覺。也就是說，如果沒有了人這樣一個物質軀體的「場」（**展示平臺**）和心意這一知覺元素，「純靈」（**核心知覺**）是很難展示的。為什麼呢？因為「純靈」的知覺性，既不能動態活動，也不能靜態展示；只有在人的軀體裏，純靈才可能單獨的存在，並以核心知覺——展現於人的心靈覺性。

然而，「純靈」的知覺性，雖然在人體裏可獨立存在——並展現人的心靈覺性，但沒有靈性導師的知覺啟迪，心靈覺性也難於展露；加之「純靈」在人身中，它只會與知覺能量相匹配。什麼意思呢？其一，靈性導師的知覺啟迪，就是其超然知識；靈性導師的靈性通道，就是其超然知識的知覺能量通道。其二，「純靈」本身，是不存在覺悟或不覺悟，它本是靈性知覺；只要有超然知識的知覺能量，純靈的知覺通道便自然打開。知覺通道打開了，意味著純靈——源源不斷獲得超靈過來的知覺能量。此時，就像「充電」一樣，當充到足夠的能量時，純靈便可以自我起航——回溫達文那（**靈性世界**）。這才叫靈魂徹底解脫。

所以，認定靈性導師很重要。因為純靈的知覺能量——來自於超靈，而靈性導師——就是超靈的靈性知覺通道。所以，純靈知覺通道能否打開，全在修心的知覺上——接受超然知識或靈性導師的啟迪。否則，這一切無法實現。因為這個心靈覺性啊，實際就是純靈知覺的展示門戶——叫知覺心。那麼，靈性導師的知覺啟迪，就是我們的心於「智用」之知覺的點燃。要不，人是無法心於「智用」的。開啟心靈覺性——打開純靈的知覺通道，這是修心的目的。

然而，修心實際又是修正心的那個「意」。但人們習慣說「修心」，是因為「心」是「意」之動向的活動知覺。即「心」是感官活動的成因。怎樣理解呢？人的感官活動之所以形成五蘊，就是因為「心」與物質知覺——

苟合了「意」根而產生出「識心」。這個「識心」於感官思維時——就叫意識，於感官活動時——叫心意。這就是「心」是「意」之動向的活動知覺之表現。

也就是說，「意」在感官思維裏，它只是一種意向之動；當「心」之物質知覺苟合成「心意」時，才有感官知覺的活動。即想、思、念等這些感官思維活動或感官行為活動。當然，這些都屬於物質知覺活動。那麼，心、意、識三者集於人的感官思維上——便形成了「識蘊」。所以，「心」是意識活動之因根，「意動」是所有物質生命活動的自然標配。也就是說，只有「意動」通過「心」的作用，才有心意之活動能力。

另外，人與動物的物質知覺活動之有所不同——就是動物不會有複雜的思考能力。為什麼呢？那是因為動物只有單一的感官「意」動，沒有心意活動。而人之所以能夠心意活動，乃是本體生命「知覺心」所起的作用。「知覺心」是物質生命（人）的感知世界的維繫者。人具有心意功能並可以作用知覺心——使其靈魂解脫，乃是人的生命活動本質。所以，人可以通過心意去修行，去認識自我或本體的純靈知覺。這是人的知覺活動本性。而動物因生命結構的不同，它們只有感官「意識」的物質活動本性，致使它們的大腦無法連上「核心知覺」純靈這部分——去認識自我。所以，它們沒辦法去修行。也許大家會問，動物也有靈魂呀，為什麼就不能連上純靈那個核心知覺呢？的確，動物的靈魂裏邊同樣有著純靈知覺。可是，因為它們不帶有靈動功能的心意。因此，當靈魂進入到動物的軀體時，靈魂中的核心知覺——便無法展示出靈動性。所以，人身為何如此寶貴，就在於有心意功能——可以修行讓靈魂解脫。

然而，人在有生之年，如果靈魂沒得到解脫。那麼，在生命終結時，這個核心知覺（純靈）再度與「魂」結合成為靈魂——進入六道輪回。也就是說，知覺核心（純靈）只有在人身的時候，才以「知覺心」展示於心靈覺性。如果有生之年沒能開啟心靈覺性（**即打開純靈知覺的通道**）。一旦生命終結，其生命之心意活動之果——業識，便隨著「魂」一同依附著核心知覺（純靈）離開——並以個體靈魂存在於梵。此時，「意識」便是本靈魂的中陰身或意識身，其純靈知覺亦因為沒有了肉身或物質器官這一活動載體——而無法獨立展示「知覺心」。其心意同樣亦無法展示感官活動。這就是純靈解脫與沒解脫的區別。

所以心意，是展示於活靈活現的生命中，只有人的感官思維——才與之匹配。在人生的修行裏，心意為之靈魂覺醒或純靈提升知覺的修行工具。我們理解好心意，才能善用心意。善用心意——是整個修心的中心主題。

我們怎麼去理解心意是靈魂覺醒或純靈提升知覺的修行工具呢？這就要從人的感官思維之「意」動和本體生命核心知覺的純靈上去理解了。感官思維的「意」動，也就是指人的想、思、念等這些由「意」根產生出來的感官意識，這是人的生命本能。我們都知道，核心知覺（純靈）是維繫本體生命活動的動能知覺。這個動能知覺——亦即是意識感知活動。人的這種動能知覺，又是核心知覺之靈動性的心意功能活動。換言之，心意就是那個核心知覺（純靈）的游離知覺。

然而，核心知覺（純靈）所游離出來的知覺（即心意），與主體核心知覺本身不是一個範疇，它們有著本質上的區別。從知覺範疇來說，心意屬於精微物質，所以是物質知覺；主體核心知覺本身（即「知覺心」），屬於靈性知覺。從知識含義來說，「心意」屬意識形態，它展示於人類感官思維活動上——可見於行為表現。而「知覺心」屬知覺形態，只有虔誠篤信奎師那知覺，才與之共鳴；它展示於心靈覺性上——可見於覺悟狀態中。雖然二者有別，但是「心意」的心，和「知覺心」的心，它們都有著一個共性——就是那個知覺性的動能（**叫能動性**）。所以，在某個層面上它們是關聯的。譬如，在修行層面上，當人在心於「智用」（**即智性層面**）時，這個心意的心，就能發揮它的能動性——與純靈（**知覺心**）相互動——產生覺性。那麼，「知覺心」所展示的門戶——就是那個靈覺。你看，一個覺性，一個靈覺，是不是都在一個共性的知覺層面上呢？這個共性知覺層面，就是知覺性嘛。只不過這個知覺性，它是一體兩面而已。靈覺這一面，是面向靈性世界的——即純靈的故鄉；覺性這一面，是面向物質世界的——即純靈提升知覺的修煉之地。所以，當我們修行到智性這個層面時，就說明了你已挨近了靈性世界這一面。也就意味著你的靈性通道可以打開。這時，你的純靈知覺通道——就會有源源不斷的知覺能量；只要知覺能量足夠了，純靈便自然而然地——擺脫被依附的「識」和「魂」向著靈性世界——回歸故里。

我們應該知道，修心的目的——是為了純靈知覺的回歸。然而，障礙純靈知覺回歸的，正是心意的物質性——意識。心意是本體生命的一個感官官能，它活躍於人的頭腦思維裏，如展示的想、思、念等這些的心理活動。從生命性質來說，意識——是感官活動行為的始作俑者；從感官知覺來說，心意——是感官活動的知覺能動者。換言之，意識——是心意活動之因緣，心意——是意識活動之知覺；也就是說，沒有感官意識，心意亦不復存在。所以，心、意、識在人的感官活動中，是相互交織的組合元素。

誠然，「心」是感官活動的知覺活動元素。修，意味著將心意導向靈性知覺。即修其心意的那個物質的傾向性。怎樣理解呢？譬如，我們修心是不是要把控好你的心意呢？把控心意是不是要在「意」的具體思維活動上（想、思、念、識）去作文章呢？因為這些都是心意活動的緣起之因。如果對其不認識，當這個緣起的時候，我們的心態必然任其作用——產生新的業識——成為下一個輪回之因果。所謂因果活動，就是緣起的因（即前世業識）和當下的心意產生的物質性活動。這物質性活動，不但不能讓人的靈魂覺悟，反而會讓人的靈魂墮落。

前世的因，我們沒辦法改變。但是，當下的心態，我們是可以調整的。調整本身——就是修心了嘛。這些知識的認知——就是修心的內容。所以，修「心」就要先修其「意」。

現在，我們再來討論一下心的意識。心意跟識——它倆是因果互聯的關係。怎麼理解呢？所謂因果互聯，就是因果互轉嘛。譬如，在世時我們所起的一切心意活動——產生的「因」，當成為「業識之果」時，我們必然帶著這個「業識之果」輪轉回來；又因為帶著「業識之果」轉世，在生命中這些因果償還是必然的。所以就有業力現前之說法。這個業力現前反映在生活上時，如果我們沒有修行或修心這常識的話，在因果償還時，心意就會隨著上一世的「業識之果」而行事。此時，這「業識之果」必然成為當世的「因」——產生新的業緣。換言之，如果緣起的「因」沒處理好，便成為新的業識；這新的業識，又成為來世的因。這就是因果互聯。也是物質世界的因果法則。所以，業識——是修行之因，因果——是輪回之由，修心——是因由之了脫。

那麼，我們能不能超越個人的因果循環呢？答案是——可以的。只要我們在世修行到位。即修心之——契合知覺心。如何契合呢？那就是心意的善用了。這個善用啊，就要說到超然知識了。我們都知道，超然知識——它是奎師那知覺展示的宇宙法理。然而，當它應對感官思維時，展示的是法理知識；當它應對心意覺性時，展示的是知覺能量。那善用心意的話，就意味著法理知識和知覺能量同時並用。

所以，我們在修的時候，不光通過法理知識的學習（**看法物**）；還要結合生活中的細行——去實踐修心（**修正那個「意」**），使其心意與知覺心契合。所謂心意與知覺心契合，就是把我們學習到的法理知識——轉換為知覺能量。怎麼轉呢？這就必須要契合知覺心——才能轉。也就是說，「知覺心」是法理知識與知覺能量的轉換器。這是轉換喔，不是轉化哦。轉換是雙向的，轉化是單向的。也就是說，當我們學習到的法理知識——轉換了知覺能量時，你的內在層面就會提高，這個提高——就是你根器的提高。而根器就是一種理解力。這個理解力本身——就是知識的一種能量。它是轉換知覺能量的來源。換言之，知識量越多，知覺層面就越高，理解力就越強。也就是說，知識的理解力本身，也是一種能量。因此，法理知識的理解力提高了，意味著知識的存有量就越多，轉換的知覺能量就越大。你看，是不是是雙向的作用呢？所以說，知覺能量和法理知識是一脈相承的；只是相對在宇宙間——叫知覺能量，相對人的頭腦——叫法理知識。這就是超然知識（奎師那知覺）在人世間展示的實相。

因此，只要擁有超然知識，我們的心意必能善用；心意能善用了，修心必到位。「知覺心」契合必成也。說到底，超然知識或知覺能量，就是修心的保證；是奎師那知覺的法理核心；是靈魂覺醒的靈丹妙藥；是修正心意的思想武器。

我們如何有效地通過法理知識的學習（看法物）——去轉換知覺能量呢？這就談到心意的「意」了。剛才講的是「心意」跟「識」的互聯。現在講一講，「意」和「識」的一體兩面。

前面說過了，「意」——是具有導向功能之內感官，「識」——是儲存或記憶行為活動之因果。在人的感官思維裏，「意」和「識」——是一對因果關係，與行為活動有關的。相對精微物質心意，「意識」是一種物質形態，具有物質傾向性——可產生行為活動的。那麼，心意和意識，在人體裏就有兩個不同層面的領域；心意這一面——主知覺的，意識這一面——主精神物質的。當「意」處在「心」的層面時，就比較傾向靈性知覺；當「意」處在「識」的層面時，就比較傾向精神物質。所以，在修行覺悟上，這個「意」是不是也很關鍵呢？那我們怎麼去把控這個意——處在心的靈性上呢？其實善用心意，就是一種把控。那麼，想、思、念、識等這些心理活動，是人的一種自然行為。也就是說，只要有思維能力，就有此等行為。換言之，這些行為能力是與生俱來的，我們不必對此厭惡。只要我們具體把控好心態，心裏是正面的、陽光的，即便你怎麼想、怎麼思、怎麼念，都還在「意」的層面，而不是在「識」的層面。也就是說，在「意」的層面，只要這心理活動是向上的就行了。「向上」意味著傾向知覺層面了嘛，也就是善用心意了嘛。這是心理上「意」的認識理解。

另外，生理因素，也是修行上不可忽略的一環。生理——是指我們的氣息和十感官（即眼、耳、鼻、舌、身、口、手、腿、肛門、生殖器）。這十感官與我們的身體之四氣（平氣、吸氣、呼氣、周氣）有著千絲萬縷的關聯。這些關聯互動產生的業識，都影響著「魂」的純淨度。什麼意思呢？

「魂」，它就是純靈的一個媒介嘛；前面不是有說過了嗎？它在物質軀體裏，與身體之四氣（平氣、吸氣、呼氣、周氣）相互動和共存的，所以就叫魂氣。人身的生命氣息，是由這五氣組成。這些生命氣息——都反映在人體之氣脈上。也就是說，我們的心情好與壞，都會影響著我們氣脈的暢通與否。所以，生理上的氣脈，與心理上的心情是息息相關的。如果氣脈暢通，就是善用心意的好助緣。

因此，我們修心不光要調心，還要調息。怎樣調呢？就是通過打坐、練功。在打坐——呼氣時，念「摩延上度哈利奎師那」之咒語（吸氣時不念），平穩地緩緩的一呼一吸這樣地練；它可以達到氣息平穩的同時，心意也得到淨化，神息也自然飽滿。也許有人問，這與傳統氣功的意守呼吸是一樣嗎？既一樣又不一樣。怎麼說呢？傳統氣功的意守呼吸，也許可以達到氣息平穩，但心意能否得到淨化，那可不一定。因為這種意守，只是用意念推動氣的運行——來達到氣息平和或陰陽平衡。但心意之意識的業（即業識），它不是在身體的器官上。所以，用意念是很難消業的。也就是說，意念是無法淨化意識的。這種「意」守的呼吸法，可能會產生更大地執著於「意」守呼吸的念頭上。當我們執著於「意」守呼吸上，你的「意」就無法守住心了。守不住心時，你的呼吸就是為「意」守而呼吸，或者為呼吸而「意」守。

意識乃是因果之母。所有因果都因意識之念而產生。因此，在一呼一吸時借助念咒語的能量，可使「意」於「心」用（即不隨識轉）。這樣的心意自然得到淨化。心意淨化了，就沒有不乾淨的念頭。此時，就是「意」守住了「心」。「魂氣」也就自然得到淨化。這個淨化了的「魂氣」——就是正氣的神息。這正氣的神息，才是氣脈暢通之氣。這是奎師那知覺心法之調息功法。簡而言之，通過吐故納新的腹式呼吸——去排除思緒雜念，從而達致心神合一。整個心法中，調息——是心法的手段，調心——是心法的契機，知覺心（純靈）回歸——是心法的目的。因而，調息非調心不可，而調心又必須結合調息之功法；通過念「摩延上度哈利奎師那」咒語，使其「心」自然地繫念在這一能量咒語上。這就是心法之契機了。也就是說，當我們的「心」繫念在「摩延上度哈利奎師那」之咒語時，就是契合了知覺心了。此時，其念咒語本身——就是一種知覺能量。但是，如果我們的意念不乾淨（即不在心上），那就是為念而念，其咒語的能量功效必然大打折扣，知覺能量自然也不會發生。這是宇宙法則之同性相吸，異性相斥的原理。也就是為什麼有些人怎麼念都沒有感覺的原因。

氣息它只是反映氣脈暢通與否，不能反映心意是否乾淨。那是因為它們是兩個不同的生命構成要素。一個是生理要素——氣脈，它是人體生命氣息之網——產生活動行為之力，屬於身體指標。一個是心理要素——心意，它是人體生命之能——產生活動行為之因，屬於身心指標。那麼，反映身心指標的心意，前面已論述過了。現在論述一下身體指標——氣脈。

我們都知道氣脈，肉眼是不容易看到的。但是，氣息它是可以看到的。因為它反映在人的身體上，尤其是臉部，它就是氣脈的晴雨錶，一覽無遺。也就是說，氣息是反映氣脈在身體上的一個生理指標。所以，就有調息這一說了。

然而，氣脈的另一個指標——魂氣，它不屬於生理指標，也不屬於心理指標，它是靈魂氣息的指標。怎麼說呢？在五氣裏，吸氣、呼氣、平氣、周氣都與身體息息相關的。唯有魂氣——它不生不滅。它既是生命之氣，又是靈魂之體。

在生命期間，魂氣的純潔度——是純靈（**知覺心**）靈性通道鏈接的關鍵。怎麼理解呢？就是說，「魂」本身不屬於「物」，也不屬於「靈」。它是靈與物之間的臨界點。在靈界上，「魂」是純靈的體或外衣，其表現形式為個體靈魂——即靈界生物。在人的身上，「魂」是為純靈連接靈性知識或靈性導師的，其表現形式為魂氣——即人體的核心之氣。顧名思義，核心之氣，意為生命之靈氣。

所以，一直以來，人們把生命靈氣稱之為靈魂。其實，魂氣和靈魂是有所分別的。之前的所有法乘講的靈魂，就是指這個魂氣。也就是說，他們只講到靈魂的概念，不是靈魂的知識。所以不同的法乘，所講的知識就有所不同了。

靈魂概念與靈魂知識有什麼不同呢？靈魂概念——是講靈魂的那些關聯的外部（**即魂氣或生命之氣**）的知識。靈魂知識——是講靈魂的內涵信息（**關於靈魂構成與生命展示**）的學說。今天，講的是上乘之法——即知覺心法。那麼，有關靈魂構成的學說，便是本法乘的知識內容。

所謂靈魂構成的學說，就是指身心之（**心、意、識**）和身體之（**吸氣、**

呼氣、平氣、周氣、魂氣）與靈魂的互動。這些有關知識中，「魂氣」是比較複雜的，它既是生命的核心之氣，又是純靈的外衣，更是靈魂本身的體。其實，說它複雜也不復雜。說它複雜，是因為我們無法用頭腦來認識它的結構性，從而產生疑惑和困擾。說它不復雜，它就像一個鏈接軟件一樣，靈與物都得在它的這個「平臺」上進行展示。也就是「魂」——是主宰師那的知覺造化的一個特殊產物。是一種知覺介質；它既不靈性也不物性，是為純靈知覺而配置的。其目的就是——通過「魂」這個鏈接平臺，主宰師那就可以隨時掌握祂的游離知覺（純靈）的知覺狀況。「魂」就是這樣的特殊空間存在著——隨時為純靈「提供服務」；純靈在哪，它就在哪。這就是為什麼「魂」有那麼多的身份——既是生命的核心之氣，又是純靈的外衣，更是靈魂本身的體。

所謂複雜，是相對人的感官認識而說它複雜的。就是在人的感官認識上，「魂」確實難以辨認。即便開了天眼的人，他看到的靈魂都只不過是一團氣而已，無法看到靈魂的實相或本質。為什麼呢？因為它不是感官認知的產物。它是絕對真理的超然知識。只有祂的絕對奉獻者才知曉。這是個權威上的命題，我們只有全然接受。

現在，也許我們對「魂」的概況有了一點點認識。但如何讓「魂」更好地為你的純靈服務呢？這是本命題的重點。用現在電腦的術語來說，就是如何使「魂」這個鏈接軟件不「中毒」。怎麼說呢？「魂」，在人體裏，主要是受氣息和心意的影響。所謂「中毒」，就是來自這兩個生命系統不乾淨的影響，使其發揮不了它的鏈接功能。我們都知道，人體裏有五氣，其中吸氣、呼氣、平氣、周氣這四氣——都會受到日常生活的環境、心態、工作、人和事的影響。這些影響，如果是負面的話，這就使我們的氣息不能平和。比如，情緒波動，很容易打亂你的氣息平衡，這個影響——就是平氣；當平氣不平衡，就會波及到呼吸的頻率，這個影響——就是呼氣和吸氣；當呼吸頻率打亂時，我們五臟六腑的功能都會受阻礙，這個影響——就是周氣；當五臟六腑的功能不正常時，我們的身體就不舒服，不舒服的反映——就是心情不好；當人的心情不好，就會出現精神呆滯。這一系列下來的影響結果——都體現在氣脈上。而氣脈，又是「魂」的棲息地。因而，這一切的影響結果，最終還是落在魂氣上。「魂」就是這樣地被污染的。所以「魂」

的污染，實際是魂氣受影響。

然而，魂氣的不乾淨，只是遮蔽著純靈知覺的發揮性，其「魂」的靈物介質的性質不會改變。即「魂」的本質依然還是純靈的外衣。所以，當人的生命完結——離開軀體成為個體靈魂時，其污染了的魂氣，便以業識與靈魂結伴；等待下一個輪回時，靈魂又帶著這些業識投胎。這些業識，也就成為了人的來世之原罪或原業。這就是靈魂不乾淨的原委。你看，魂氣的污染，不光影響它與純靈的知覺鏈接，還讓我們帶著業識輪回。

所以在世時，魂氣淨化是解脫的關鍵。其實，我們說淨化心意，只是一個指標，真正要做的——是我們在日常生活上的細行。譬如，通過打坐，控制好我們的氣息，精進修習法理知識，充實我們的感官認知能力，使我們在日常生活中，對環境、心態、工作、人和事，都能有正面的態度；保持陽光、正面的心理狀態，時常警醒自己生活上的一切修為，明白那個愚昧負面情緒是污濁我們的魂氣的。如果能在這些細行中用功的話，你的氣脈一定是暢通的。要知道氣脈暢通，是善用心意的好助緣。這些就是修行心法的內容。

所以，有這樣的心理狀態，便能善用心意。能善用心意，你當世就會少造業，「魂」的污染就少了。當人有了這樣的認識，生活就沒那麼糟糕，心境就會平順；心境平順了，魂氣就乾淨了。這樣的善用心意，「魂」就能發揮好它的鏈接功能。此時，這個人表現出來的——就是有自覺性。

其實，自覺性是來自於魂氣的乾淨所發揮的作用。自覺性只是一個名詞，其實質是——魂氣連接了純靈展示的那個知覺心——所產生出一種靈性渴望或追求；表現在心中莫名地意願去接受靈性知識和認定靈性導師的覺悟性。就像《博伽梵歌釋義》裏對靈魂所描述的「靈主內，魂主外」之覺悟現象。也就是，靈（純靈）作為內在核心知覺——與超靈的一致性，即是「靈」主——內在知覺；「魂」作為一個知覺動能——與外在感官的互動，即是「魂」主——外在自覺。這裏有個概念，就是自覺不等同於自覺性。自覺——是一種感官行為，即在某個因緣激發下去自覺修行。而自覺性——是「魂」已鏈接了純靈展示的那個知覺心產生出靈性渴望和追求，並對靈性知識和靈性導師的篤信和認定。所以，是不一樣的覺悟層面。

假設一個人，雖然他也在修行，但對接受靈性導師這一環節，不是那麼的認定，或對追求靈性知識的渴求心不是那麼的夠時，「知覺性」是不會發生的。其自覺性也不會成立。也就是說，這樣的修行狀態，只能說他只在自我覺得在修行，其信念沒有激發到靈魂深處。亦可以說他的魂氣，還沒得到淨化。

其實，自覺性（即覺性），它是人的智性層面。什麼叫智性啊？它是心法上的一個名詞。在心法知識上，心意、智性、假我都是人們心理活動的精微物質元素，展示於內感官——統稱為心意。所以，智性和假我——都是屬於心意範疇。那麼，智性，它是主——人的思想行為的；假我，它是主——人的自我存在感的；兩者從屬於心意活動，亦可以說是心意的具體展示內容。怎麼理解呢？比如，我們說善用心意。其善用本身，就是一種思想行為嘛；而這個思想行為的載體，就是自我的那個存在感嘛。你看，在我們心理活動時的那個感受，是不是都感受在我們的身體裏邊呢？身體的所有感受，都因為自我感的存在而發生，而體會。這個感受之體，就是自我存在感的一個展示個體嘛。所以，相對純靈（身體的主人）來說，這個感受體（人身）就是假我嘛。「假我」就是這樣命名的。換言之，假我（身體）——

是心意的代理人；而智性，便是假我（身體）的思想統帥——即人的心智、情感、覺受之城府。也就是說，人的心理活動、思想情感、行為展示等一系列的人生活動，都體現在這個軀體上。你看，假我（身體）就是那麼完美地成為靈和魂的活動場（地）。（關於場、場地認識者等知識，《博伽梵歌釋義》第十三章有詳盡）所以在修行上，這個假我（身體）無形中就是靈和魂的修煉場地了嘛。「以假修真」就是這個意思。現在我們明白了，「假我」它不是以好與不好來形容的。你說它好吧，它可以淩駕於心智——幹壞事；你說它不好吧，它也可以代理好心意——發揮著它的心智功能，讓你好好地打坐練功——使魂氣得到淨化，然後順利連通純靈（知覺心）。你看，這個假我身體的認識重要不重要？我們的言語、思想、交流等一切的生活行為都與之關聯。所以，身口意的管控，就是以「假」修「真」之認識的內容。

身口意的管控是指什麼呢？身——是指管控好我們的物質束縛之身體，不沉迷於物質感官享樂；口——是指管控好我們的語言行為，不冒犯他人或產生口業；意——是指管控好我們的思想行為要正面，「意向」要用在心智上。這些管控的目的，就是讓身體感官在「物質三形態」下——

處於善良形態中，不要讓愚昧形態和情欲形態佔主導。這樣，才能保證假我（身體）好好地發揮它的智性功能，從而達到修行的真正目的——靈魂知覺回歸。這就是以假修真的意義所在。

第7章

奎師那知覺奉獻

第7章 奎師那知覺奉獻

奎師那知覺體系心法知識之課，是一套完備的知識體系。因此，必有其體系之核心思想。那麼，這體系的核心思想是什麼呢？就是「奎師那知覺奉獻」（簡稱知覺奉獻）。它是整個奎師那知覺體系心法的主心骨。沒有奎師那知覺奉獻，就沒有靈魂解脫的可能。這是奎師那知覺體系心法認知的重點。

所謂「奎師那知覺奉獻」，就是恒常心念於「摩延上度哈利奎師那」之曼陀，篤信和認定祂的絕對奉獻者，這樣的知覺狀態下——所表現的活動或行為。具體體現在——對有關超然知識的渴求，精進修習奎師那知覺，心態常處於善良形態中，無我而又有覺悟的作奉獻服務。關於「無我而又有覺悟」，怎麼去理解呢？首先，「無我」——即忘我、無私的意思，這是一種思想品格；那麼，「有覺悟」——是一種自覺性。這種自覺性是一種心境狀態。比如說，那個專注心，無時無刻都系在「奎師那知覺」上這樣的心境狀態。「奎師那知覺」是什麼呢？它是指兩個方面，一個是——指宇宙全息知覺之生物知覺。「生物」是什麼？曾經開示過，它是主奎師那的內在能量之游離出來的知覺。所以，從它的本質上——就是奎師那知覺。那換句話說，奎師那知覺——即是眾生的佛心或知覺心。這是奎師那知覺體系心法認知的第一個方面。

第二個方面，在人的思想維度裏，奎師那知覺——是指靈魂覺悟的知覺能量；相對感官知覺而言，它就是一種思想覺悟或自覺性。這是奎師那知覺體系課程的重點。怎麼理解呢？也就是靈魂覺悟，是人的生命本意——本該如此。然而，由於在物質世界裏，人的感官思維都處在「物質自然三形態」中，致使人類生命在靈魂覺悟這方面，就變得不確定性了。覺悟是一種知覺狀態，不是生命現象。所以，覺悟和不覺悟都不會直接影響生命的存在。也就是說，「物質自然三形態」與靈魂知覺，它是兩個不同的範疇；一個是生命現象之物質形態，一個是靈魂覺悟之知覺形態。兩者的展示目的有所不同。物質形態展示的目的——是生命現象之感官活動。知覺形態展示的目的——是純靈解脫之靈魂覺悟。因此，對於一個活在生命現象裏的人來說，靈魂覺悟或不覺悟，它的生命依舊存在。所以，他的生命裏，自然不會考慮靈魂是否要覺悟。只有人生覺得痛苦不堪的人，才會去思考生命的本意和選擇修行——瞭解靈魂。這是奎師那知覺體系課程的重點所在。

那麼，關於第一點——「生物知覺」。你要認知或不認知，這個「知覺」你都無法改變的。它永遠都存在你的心中——就是那個純靈（知覺心）。如果你想認識它，你就必須得靈魂覺悟。靈魂覺悟，那就非得要精進努力修心。也就是說，一個人想要離苦得樂，那就非要靈魂覺悟不可。

生命存在（即物質現象）與生命本意（即靈魂覺悟），這是奎師那知覺體系之兩大論點。是修行人無可避免要思考和認知的修行課程。所以說，第二點「奎師那知覺之靈魂覺悟或自覺性」是這個體系的重點之課。

人之所以無明，主要是處於「物質三形態」的情欲形態和愚昧形態的混合中。在這種狀態中的人——是無法自明的。只有在靈性導師的指導下

——修行學習心法知識，才能使其明白生命存在之目的和意義；只有瞭解心法知識，才能使其靈魂覺悟。

我們如何修習這一重點之課呢？奎師那知覺體系的法物——便是修習之課程的讀本。這些讀本，如果我們能夠去專注地看，說明你的思想覺悟——就在當下的自覺性上；或你的自覺性已作用在你的感官行為上，使你的眼睛和心都配合在一起這樣的一種知覺行為。不然，你是沒辦法專注的。所以，專注，是一種知覺行為。如果我們在看書的同時，又產生出覺受或法喜充滿這種狀態的話，就說明你的內心——已進入了無我或無為狀態。即處於善良形態中。這就是「知覺奉獻」的一種，叫心意奉獻。也就是《博伽梵歌》裏主奎師那說的「心意專注我」。

然而，這種知覺奉獻，更多的是指心理狀態的。它不等同於一般的奉獻服務。一般的奉獻服務，是指利於他人或某個團體的奉獻行為，屬於有為的表現行為。而知覺奉獻呢，是指個人覺悟層面的思想行為，屬於無為的心理行為，也可以說是「善用心意」的一種知覺表現。

其實，善用心意的本意，就是一種知覺奉獻嘛。它奉獻服務於誰呢？

——是奉獻服務於純靈和超靈。怎麼理解呢？曾開示過，「善用心意」的目的——就是為了契合那個知覺心，而那個知覺心就是純靈嘛。換言之，善用心意——即為知覺奉獻服務於純靈。又因為純靈是主奎師那的全息知覺之游離知覺，所以知覺奉獻服務於純靈——便是奎師那知覺奉獻服務。

至於奉獻服務於「超靈」，又怎麼去體現的呢？首先，我們要瞭解「超靈」是什麼？——超靈是主奎師那展示於眾生心中的一種佛心。所謂佛心，實質也是一個知覺心啦。但這佛心（**知覺心**）跟純靈（**知覺心**）既即一又即異。即一，就是它同是展示於本性知覺——即人生命體內的覺悟之心；即異，就是外與內或共性與本性的知覺展示的不同。這又怎麼理解呢？

我們要知道，佛的含義——是指真理或超然知識。在宇宙間，它以共性知覺——展示為知覺能量。當這個共性知覺（**知覺能量**）——應對於人的本性知覺時，便是佛性之心——簡稱佛心。當這個共性知覺（**知覺能量**）作為源頭的至尊人格性——展示於宇宙間作用所有眾生時，它便是——超靈。所以，所謂的佛心、超靈，都同是一個至尊知覺，只不過展示角色的不同而有所不同的名稱而已。也就是說，對於物質世界的物質空間概念而言，能量就是這空間的一種存有。那麼，這至尊知覺的空間存有能量，便是知覺能量；所以，這知覺能量展示於物質宇宙存有時，便是物質知覺能量。

在靈性世界，是沒有能量這一概念的。「知覺」便是整個靈性空間的實有（**即奎師那知覺**）。所以，對於靈性世界來說，「能量」、「空間存有」這些，實際都是物質知覺能量（**簡稱物質知覺**）。我們搞懂這些概念，才能更好地理解奎師那知覺奉獻，才能更好地運用超然知識——服務於純靈和超靈。不然，我們很容易把物質感官的活動行為，以為就是奎師那知覺奉獻服務，從而滑向功利活動中——深陷於物質功利的泥潭裏。這就是奎師那知覺體系之心法知識的核心知識。

那麼，我們怎麼去看待那些功利性活動呢？首先，我們要理解什麼是功利？功——即勞作，利——即價值或利益。功和利是一種物質存有的概念。它展示於人類社會感官活動的一種意識形態。功利本身，是一種感官意識的價值觀；只要有感官意識存在，其感官活動的行為便伴隨著功和利。也就是，功為利而從事活動的，利為功而體現價值的。從生命的延續需求而言，感官活動行為，是一種本能意識；從社會生產力而言，它是人類社會發展的意識產物。所以，功利這個詞性是中性的。它概述了物質世界人類社會的基本活動行為——是一種本能意識，是人類社會意識的活動土壤。如果沒有功和利這一本能活動，這個物質世界就沒有人類社會了。

其實，功和利是人類社會生存和發展的二元性活動。即有功就必有利這樣的一個社會性活動。然而，在人類社會的今天，物質主義蔚成風氣，人們追求的是物質享樂。至此，物質主義之「利」字當頭的意識形態，打破了原有物質感官的本能活動；因而，隨之帶來的是功和利的失衡。也就是說，當功和利這二元活動失去平衡時，人類社會就出現自私自利、欺詐、不擇手段和不勞而獲等一切利己不利他人的功利活動。這樣的功利活動——就叫功利性活動。這種功利性活動，才是對修行不利的。我們正常的生活和工作活動，這不叫功利性活動。它是一種感官賦能活動。所謂感官賦能活動，就是感官本能賦予本生命的基本行為——為生命延續或感官本能之需要（即利）而工作活動（即功）。所以，只要我們的功和利在一個平衡的範圍內，就不算是物質主義者的功利性活動了。我們不要把感官賦能活動，混淆為物質主義的功利性活動。不然，我們很容易對生活產生消極的態度。這是對修行不利的。因為消極態度，讓我們很難走進生活中去細行。如果沒有生活上的細行，也就沒有修心的課程；沒有修心的課程，何談心法應對呢？所以，我們從客觀規律去看待功和利的活動，才能在修行上對生活有一個陽光、積極向上的人生態度。這陽光積極向上的人生態度，就是「物質自然三形態」裏的善良形態。這善良形態，是善用心意的原動力。是修心達致知覺奉獻的奠基石。從生命意義的角度看，人必須得參與工作。雖然有些工作是帶一定程度的功利性。但只要我們不依附功利活動帶來的物質享受。這樣的工作，也就不算是功利性活動，而是履行個人的賦定職責。

我們在生活中，如何去分辨功利性的活動還是履行賦定職責的活動呢？這要看活動的動機是什麼？如果追求物質享受的，就是功利性活動；如果為了生活需要的工作活動，就是履行賦定職責的活動。怎麼理解呢？作為一個社會的自然人，是擺脫不了社會賦予每個公民的權利和義務的工作的。我們生活在這樣的土壤裏。這權利和義務活動，不應該去逃避；而是要明白，這是一種履行賦定個人的社會職責。這個社會職責，也是一個履行賦定職責的賦能活動。即人的生活中所必須的工作之權利和義務的活動。也就是說，賦定職責的本能活動，是沒有追求活動成果的享受權利，而只有工作活動的義務和權利。與功利性活動的根本區別，在於目的性的不同。

功利性活動的目的——是物質追求依附性或物質利益最大化。因而，活動成果——便成為他們的享受果報。這就是《博伽梵歌》裏講的「於活動中見不活動」。怎樣理解呢？在《博伽梵歌》裏，整句話是這樣的：「於活動中見不活動，於不活動中見活動」。這裏稱的「活動」，是對感官行為的一個統稱。我們都知道，賦定職責活動——它是通過感官活動體現的；追求物質利益的功利性活動——也是通過感官活動實現的；知覺奉獻——同樣是通過感官活動產生的。所以，這裏的「於活動中」和「於不活動中」就是指感官行為。

那麼，「於活動中見不活動」的「於活動中」，就是指功利性或物質性的物質依附性的活動。「見不活動」——意思是見不到「履行個人賦定職責的知覺活動」。這是對物質主義者的活動定義。而「於不活動中見活動」是指知覺奉獻活動者。他們的活動不追求物質性，常處於善良形態中——自覺履行個人的賦定職責。這樣的活動——才是真正的活動。

在修行上，我們如何理解「於不活動中見活動」呢？它是指一種知覺狀態的活動。即處於善良形態中——善用心意的一種知覺活動。如果以我們的細行來說的話，就是當我們處於善良形態的時候，我們的心意便有利於「魂氣」的乾淨；「魂氣」乾淨了，「魂」就能與純靈相通。這時，就等於你的心意服務於你的純靈。雖然不見肢體活動，但這種知覺狀態的心意就是一種知覺奉獻。這種知覺奉獻，就是靈魂知覺提升活動。所以，當達到這種知覺狀態時，一切活動都在超然之中。即《博伽梵歌》裏說的「於不活動中見活動」。只有這種知覺奉獻，才能在修行上得以進步，才能脫離物質因果——不再輪回。這樣的知覺奉獻才是真正的活動。也就是棄絕活動。為什麼這樣說呢？因為當你放棄一切物質擁有之念的活動結果時，你才能有善用心意可言。否則，我們的感官活動都在物質心意層面的活動上。所以，我們不要把棄絕活動——理解為放棄生活工作去修行。這樣，等同於放棄履行個人的賦定職責；這樣的活動，在修行上是沒有結果的。其實，棄絕活動，它是一種知覺層面上的活動。也就是說，棄絕活動和知覺奉獻活動是一致的。這就是活動的超然本質——奎師那知覺奉獻。

第 8 章

超然知識與奎師那知覺

第8章 超然知識與奎師那知覺

在物質世界，上帝奎師那祂是以能量來展示祂的存在的。所以，那個「知覺的祂」我們很難看得到。那麼，這個無所不在的上帝奎師那，又是怎麼地理解呢？祂到底藏在哪里呢？這個無所不在的上帝奎師那，祂是藏在能量裏邊——展示著祂的不展示——去知覺著物質世界的一切。這就是靈性知覺——在物質世界存在的展示方式。即物質世界的一切——都因祂的知覺而存在，因祂的能量而展示。

其實，上帝奎師那祂沒有藏著。只因為生物體的展示功能是一種物質感官知覺，與靈性知覺的祂（主奎師那）不在一個頻道上。所以我們就看不到祂的存在。然而，對於一個有知覺的人，他是赤裸裸地看到「知覺的祂」存在著。——祂就是奎師那知覺，——祂就是超然知識。怎樣理解呢？主奎師那是靈性的；當在物質世界以知覺展示時，就是奎師那知覺；當奎師那知覺作用到個體靈魂時，就是一種知覺能量；當對應人的感官思維時，就是超然知識。

所謂超然知識，就是展示於文字概念所應對在人的感官思維認識上的法理知識。當人的感官意願——接受法理知識時，其法理知識——便以奎師那知覺能量展示為超然知識，並作用在他的感官思維認識上；此時「超然知識」的知覺作用，就是奎師那知覺能量——即靈魂覺醒之能量。所以「超然知識」，其實就是一種知覺能量。但是，為什麼叫「超然知識」呢？那是相對人的感官思維而言的。因為人的感官思維是物質的。所以不能直接對應和接受認識奎師那知覺能量；另外，知識又是感官思維的一種認知對象。因而，以文字方面的超然知識來與感官思維相互動，人的感官思維才能去認識和接受它。所以，在人間，就以「超然知識」去展現那個奎師那知覺。由此可見，「超然知識」實際是隱藏的「知覺能量」之文字表達的知識。

其實，從知覺能量上來說，超然知識與知覺能量是一致的。只是對應的對象不同，所叫法之不一樣。相對人的感官時——就叫超然知識；相對人的靈魂時——就叫知覺能量或靈性能量。有個偈子裏是這樣說的，「形而上道為知覺，形而下用為知識……」這句話就透露了人世間這一「知覺能量」的學問，它是一個知覺心與知識頭腦相互動的自然關係。

形而上道的「知覺」我們攀不著，可形而下用的「知識」我們是可以看得到和學得到的。這就告訴了我們，在物質世界，「知識」是形而學用的內容；「知覺」是知識內容的源頭；只要我們活學活用好這一知識，就是奎師那知覺之修行人。換句話說，在人間，知識——是打開「知覺」大門之鑰，超然知識——是這一「知覺能量」之學問知識。

綜合理解，「知覺的祂」展示於宇宙能量——就叫知覺能量；「知覺的祂」展示於萬事物中——就叫自然規律；「知覺的祂」展示於世間存在——就叫遍存萬有；「知覺的祂」展示於創造上——就叫人格性；「知覺的祂」展示於心靈上——就叫奎師那知覺；「知覺的祂」展示於知識上——就叫超然知識。這眾多的展示中，與眾生覺悟息息相關的——就是奎師那知覺和超然知識。只要我們好好地去活學活用這一超然知識，就能打開奎師那知覺大門。下面我們一起來探討知識與知覺的關係。

何謂「形而下用為知識」呢？「形而下」——即指人世間，「用」——即轉化或使用的意思，「為知識」——即知覺轉化下來的知識。也就是說，要想聞之「形而上道」的知覺，就得先擁有「形而下用」的知識。這是人與自然之間融會貫通的人生學問。

那麼，形而下用之知識，它分為人生自然知識和書本知識。人生自然知識，是指一個人，從出生到成長的過程——所累積的生活經驗和做人的生存道理。即人在每一個成長階段所具備本階段自然成長的知識（**即本能知識**）和隨著成長年齡、生活環境所經歷的人生閱歷（**即見識**）。這就是人生自然知識的定義。這自然知識，決定著一個人的知識底蘊，也反映出一個人對事物的認知態度。而書本知識呢，它是通過學而問之的思考，和體會過程轉化的知識。所以，書本知識不是直接的知識，而是學問的知識。即它需要人的思考和應用，才能轉化為學而活用的知識。所以不同的人生閱歷，有著不同的書本知識之認知度的轉化。然而，這人生閱歷知識，又是與我們的「本能知識」、成長年齡和生活環境有關的。

因此，書本知識——是一門學識或學科（屬於文化知識）；人生自然知識——是一本人生閱歷（屬於經驗知識），兩者是成正比的。即人生閱歷越豐富，書本學問知識越透徹，瞭解知識面就越廣，對事物的認知度就越深。你看，在這些關係中，人生閱歷與認知度是最為關鍵的。它倆實際就是形而下用知識的原生態。它反映著一個人的「人生自然知識」的底蘊，是形而上道於人世間「超然知識」的原動力，是打開「知覺」大門的首要條件。也就是說，沒有這「人生自然知識」，其書本知識是很難代入或無法轉化；「超然知識」亦無從入手；形而上道的「知覺」更無法可談，這是人類與動物的生存意義的不同之處。換言之，只有人類才具備領悟形而下用這一「超然知識」。當一個人領悟到這超然知識，就是一個有知覺的人了。也就是「知覺」大門已自然向你打開。這就是「形而下用為知識」的理解。亦即「知覺能量」與「超然知識」在人世間——展示與存在的自然關係。

「形而上道為知覺」是什麼呢？「形而上」——即指天地間，「道」——即指天地之造化，「為知覺」——即能量造化之本、物質展示之源。就是說，知覺與能量是一體的。譬如，知覺展示——於物質世界的能量形式存在；於物質自然規律中的事物發展趨勢；於超然知識中的知覺能量；於人的感官心意中的物質知覺能量；於大自然中的能量半神人；這一切的一切能量存在，都展示著「知覺的祂」的存在。所謂能量存在，就是主奎師那的遍存萬有——即非人格展示。

所謂非人格展示，就是不被肉眼所能見，而被知覺所能聞的「知覺的祂」。這就是主奎師那（**知覺的祂**）存在於宇宙能量中的實相——即非人格展示。然而，在物質世界裏，「知覺的祂」（**主奎師那**），祂以一個人相展示時，就是祂的絕對奉獻者展示（**稱人格展示**）。

那麼，知覺能量的「人格」與「非人格」區別在哪里呢？在於主體展示的不同。絕對奉獻者展示的主體——是知覺能量，是一種完整的展示，所以叫人格展示。而半神人的展示——是沒有主體知覺，只有能量展示，所以叫非人格展示。也就是說，有知覺主體的——叫人格展示，沒有知覺主體的——就叫非人格展示。

然而，在我們現實世界中，人格的定義是什麼呢？就是指有知覺的生命體。很顯然，有知覺的生命體就是指人類。因為只有人類，才有思考和分辨能力——去認知客觀事物的整體性。這種思考和分辨的認知能力，就是一種知覺展示——叫有知覺的生命體。那些只有本能感覺，而沒有思考和分辨認知能力的——就叫動物。還有一種什麼都沒有，只靠大自然賦予的物能而存在的——就叫植物或自然物；這些生物類相對人類的人格，它們就是非人格。所以說，有知覺的生命體——叫人，沒有知覺的思考和分辨認知能力的生命體——叫動物。你看，尚且宇宙間人格性與知覺有關，更何況世間的人格呢？它同樣是與知覺有關的。這就是主奎師那的知覺能量——在宇宙間的不同展示。

主奎師那在宇宙間，是一個具有人格性的知覺體。祂的人格性——表現在宇宙的創造上。祂的知覺性——反映在人世間人類的人格上。那麼，對於主奎師那來說，人格性和知覺性是一體的。

人類頭腦的那個感官認知能力有著與其它生物的不同，乃是因為「知覺的祂」（**簡稱人格性**）所展示的那個空間知覺，與人類頭腦那個感官知覺有著息息相關的關聯性。怎麼理解呢？就是說，空間知覺對人腦作用——使其感官思維能反映出客觀事物的整體認識。這種整體認識功能，就是一種感官知覺。也就是說，空間知覺的人格性——展示出具有感官知覺的人格特徵（即人類）。換句話說，感官知覺——就是空間知覺的個性展示，空間知覺——就是感官知覺的賦能知覺。也就是只有空間知覺（即人格性）這一賦能知覺，人的感官才能對客觀事物有一個整體性的認知。所以，人的感官知覺，實際就是人格性（即主奎師那）賦予人所具有的人格特徵，人才具有思維的分辨認知能力。對於主奎師那的人格性，人格——就是祂的游離知覺之生命展示的人身。這個就是生命展示的內涵。這個生命展示的內涵（即人格特徵）在現實生活中，就是人的感官頭腦與客觀事物產生的感官認知。

感官認知是一種本能性的東西。即通過感官對象的客觀事物——自然作出的一種感受反應。也就是，這種本能性認知在頭腦而感受在身體上的一種知覺表現。換句話說，感官認知是感官知覺的具體表現。即人的自然官能感受表現。這就是生命展示的人格特徵。

在現實生活中，感官知覺與感官感受相互交織的這個過程，就是我們說的心理活動過程——又叫感知活動。這個感知活動與空間知覺（人格性賦能）是怎樣的關聯呢？就是空間知覺——存在於感知活動裏，感知活動

——反映在空間知覺中這樣一個感性心理與理性思維的交織。也就是說，感知活動的展示對象——是心理活動（即感性活動）；空間知覺（人格性）的展示對象——是思維活動（即理性活動）；兩者在人的感官頭腦裏，便是人的感官認識知覺。然而，這個心理和思維，雖然都反映在人的頭腦裏，但是，因每個人的「自然知識」的差異和心理抗壓能力的不同，便決定著這個感官認知的結果不同。即在同一件事物上，每個人都有著自己的認識結果。也就是說，這個感官認知知覺，不是概念上理解的知識，它是在客觀事物認知過程的空間知覺（人格性）的知覺賦能。

這個空間知覺（人格性）賦能是怎樣理解呢？所謂空間知覺，就是主奎師那的空間展示——叫至尊人格性。至尊人格性所展示的知覺能量作用到人的感官知覺上，就是一種賦能知覺。「賦」即給予的意思。當然，這是字面上的理解。但在這裏說的「賦能」——即至尊人格性的知覺能量造化展示。所謂至尊人格性的知覺能量造化展示，就是人格性的創造——即為空間性展示。這個空間展示什麼呢？就是知覺能量嘛。所以就叫空間知覺賦能，或賦能知覺，都一個意思。

其實，在這裏的所有名詞，不是單一的文字概念；它還有另一層的空間理解，這就是法。「法」——就是對靈魂說的話。這是空間知覺直觀的理解。語言和文字——是法理的表現形式，它是應對人的頭腦的。也就是說，文字概念——是人腦的認知符號，語言聲音——是人耳聽覺的聞受之理。所以，人腦所認知的只是「理」，不是「法」。「法」是與空間知覺相對應的。言下之意，如果那些文字語言，沒有這空間知覺的話，那就不是法，充其量是些道理。所以，法理不是光對應人的頭腦的，更重要是對應靈魂知覺。

因此，空間知覺賦能，實際就是法的展示通道——即靈魂知覺的能量通道。它是通過人的感官頭腦接受和反應——產生心靈感應的觸動；這個心靈感應，就是靈魂知覺了。人所得出的感官認識——皆是受感官頭腦所指揮的。所以，那個心靈感應觸動與身體感知，在感官頭腦裏很容易混為一談。然而，今天告訴大家，這些心靈感應，都不在頭腦的認識裏。它是頭腦以外的知識（**即靈魂知覺知識**）。也就是說，靈魂知識，必須是文字概念以外的空間知覺的知識。這空間知覺的知識——就叫法理知識或超然知識。它與我們的感官認識是如何的關係呢？

在我們感官的眼、耳所得到的知識，是一種感官認識。這個感官認識本身也是一種知覺，它是人的感官本能反應的知覺。所謂本能反應，就是不依賴個人的知識和經驗的一種本能知覺。而空間知覺，它是個人知識加社會閱歷的綜合反映。譬如，在一個物體上，大家對這一物體的外觀認識，基本是一致的。但每個人的空間知覺的認知上也許不一樣；也就是知識經驗越豐富，他對事物的感知度就越完整。這個感知度的完整性——就是空間知覺了。所以說，感覺是一種單一的感官活動行為——它反映的是事物的個別性；這些個別性在人的頭腦中形成整體性的共識時，才是一種空間知覺的認識。你看，這樣的知覺認識，顯然不是在頭腦上理解出來的東西，它是一個綜合性的東西。也就是說，空間知覺的認識，是以頭腦中的感知信息與感官對象的客觀事物、知識、經驗、空間抽象和思維活動綜合產生的。說到底，空間知覺是何樣相體呢？首先，我們要知道「知覺」是什麼？知覺是一個泛指的動態名詞。在人的生命結構上，知覺又分為——物質知覺和靈性知覺。感官軀體的一切活動屬於物質知覺，內在靈魂屬於靈性知覺。那我們不禁會問，剛才說的那個綜合性的東西，是物質知覺還是靈性知覺呢？都不是。那個綜合性的東西只是知覺現象。怎麼理解呢？

所謂知覺現象，就是客觀事物與現實關聯的一個感官認知過程（**暫且稱為現實認知**）。這個感官認知過程，我們可以這樣理解，它有兩端，一端是物質知覺，一端是靈性知覺或超然知識。那麼，物質知覺這一端（**即感官知覺的本身**），它表現為感知活動；靈性知覺或超然知識這一端（**即知識與空間抽象思維**），它表現為空間知覺。空間知覺與感官認知過程的感知活動，就像水與冰或牛奶與乳酪一樣，隨著溫度變化而變化的。這個變化叫物理現象；而感知活動與空間知覺也是如此，隨著感官「現實認知」變化而變化，但這個變化就叫知覺現象。所謂現實認知是什麼呢？就是感官活動本身。也就是說，感官活動本身，如果沒有認知到超然知識的狀態下，感官現實認知——就是物質知覺這一端；但如果在超然知識的作用下得到認知知識的話，這個感官現實認知——就在靈性知覺那一端。也就是說，當感官活動在靈性知覺那一端時，現實認知才變化為超然知識或空間知覺的知識。所以，感官活動現實認知的整個過程——實質是空間知覺展示的相體。也就是說，超然知識以知覺能量展示在這個空間知覺的相體裏，從知覺現象到空間知覺

（超然知識）的認知整個感官活動過程，它都是以一種知覺能量來驅動的。換言之，物質知覺和靈性知覺，在人的感知活動中，實質是一種奎師那知覺能量存有之驅動能。怎樣理解呢？你看，我們的物質軀體為什麼能動呢？就是物質知覺驅動能的作用；超然知識為什麼能使靈魂覺醒呢？亦是靈性知覺能量的作用嘛。所以，當我們的感官知覺，隨著感官現實認知的心意活動時，就是物質生命本身；其內在靈魂——必然隨生命本身生死輪回。當我們的感官知覺之心意活動，有意識地吸取或接受超然知識時，就是感官現實認知與空間知覺交織的抽象思維——必然得到昇華；其內在靈魂知覺得以提升——靈魂覺醒。所以，這些什麼的物質知覺、靈性知覺、知覺現象，實質都是那個知覺能量在不同領域的作用而有著不同的知覺能量展示。如生命展示——就有粗糙物質能量；靈魂覺悟——就有知覺能量；絕對奉獻者——就有超然知識能量；半神人——就有精微物質能量；大自然——就有宇宙物能（**即半神人的自然能**）等等；宇宙的一切一切，都只不過是主奎師那知覺的能量展示罷了。能量是宇宙一切展示的根，知覺是這一切展示的源頭。

在物質宇宙中，知覺與能量、人格與非人格，只是主奎師那展示的不同稱謂而已。譬如，祂的知覺（**即奎師那知覺**）——就是祂的絕對奉獻者的展示；祂的知覺能量載體——就是祂的絕對奉獻者展示的超然知識和音振；祂的人格展示——就是祂的絕對奉獻者本身；祂的非人格（**即精微物質能量**）展示——就是祂的半神人。這就是「知覺的祂」所展示的知覺與能量的區分。

在物質宇宙，「能量」這個名詞概念中，半神人代表的能量，是物質展示的能量——即代表著主奎師那的非人格展示；絕對奉獻者代表的能量，是知覺的能量——即代表著主奎師那的人格性展示之知覺與能量。所以，絕對奉獻者是祂的一個人格知覺載體——即知覺和能量的同一體。然而，半神人只因展示的是能量本身，因而不需要知覺載體。所以半神人是祂的非人格能量展示。這就是奎師那知覺的認識。今天的以前，我們對知覺這一概念，理解得比較含糊。因此，很容易把感覺——誤認為是知覺。

其實，知覺這個概念是有多層面的；不同層面的知覺，就有不同層面的認知和理解。一個生命體（**人**），如果沒有超然知識的發生（**即頭腦以外的知識**），他的一切感官認知，都只能是一種感官物質知覺。以感官活動來說，充其量就是那個知覺的現象。

綜上所述，「知覺」在不同階段的認識就有不同的定義。從最初感覺的認知到綜合性的認知這個過程，就叫知覺現象的認知階段；如果在知覺現象認知階段的基礎上，得以超然知識的發生，這就叫知識昇華的階段。這階段的知覺認知——是實質性的認知，這實質性的認知——就叫超然知識。即奎師那知覺體系所述的知覺——簡稱奎師那知覺。

怎麼理解超然知識的發生呢？就是通過我們的感官認知——接受超然知識的洗禮。從感覺的認知階段進入認識階段。這個階段——就是從「知」到「識」的發生。也就是說，只有到「識」的階段，超然知識才可能發生。這裏有兩個名詞我們很容易混淆的，就是認知和認識。其實，認知是認識的必然，「認知」是感官主體對客觀事物最基本的自然心理活動；而「認識」是在這個心理活動過程中所確立的客觀事物的主觀意識——在頭腦形成「識」的存在。所謂主觀意識，就是獲得知識或應用知識的意願。這個意願過程，就是我們從「知」到「識」的昇華——叫知識。這個知識如果與空間抽象思維（即空間知覺）聯動時，就是超然知識的發生。

那麼，奎師那知覺——就是指超然知識在人的內心展示的一種覺悟能量。這種覺悟能量——對應的是靈魂知覺。它表現在人的心態上——就是那種隨遇而安的陽光、平和、積極向上的人生態度。這種人生態度，它不是一種知識概念上的認知，而是超然知識的知覺反應。這種知覺反應，實際就是一種能量展示。不同的知覺，就有不同的知覺能量展示。如物質知覺——就展示為物質知覺能量，靈性知覺——就展示為奎師那知覺能量。所以，知覺——是標誌著一個生命體的活動屬性。譬如，人具有靈性與物性兩種知覺能量的一種生命體；動物只具有物質知覺能量的一種生命體；而大自然的知覺是什麼呢？是知覺展示的物質能量。這就是知覺在宇宙間的存在形式——能量展示。

的確，「知覺能量」這一題旨，可能不是每個人都能聽得懂。因為「知覺能量」它是內在的東西——即靈魂知識。然而，內在（靈魂）與外在（軀體）它雖然是一個整體，但內與外，都有著不同的知識的接收機制。也就是說，內在知識——就有內在心意的接收機制，外在知識——就有外在軀體之頭腦的接收機制這樣的一個整體展示。所以，「知覺能量」這個知識聽不懂不要緊，只要我們有主觀意願去接收這一知識和應用這一知識的願望，這個知識，就自然與空間抽象思維（即空間知覺）互動。也就是說，這個知識的接收機制，是自然而然地內外銜接的；這個內外銜接，就是空間知覺了。這空間知覺就是靈魂的知識。所以說，這知識的接收機制，實質是空間知覺之超然知識的獲得。即感官知覺——得到知識上的昇華。

第9章

感官之主與心意

第9章 感官之主與心意

在物質世界，感官的活動——是感官之主的知覺展示。所謂感官之主，實質是一個知覺感受之主。也就是說，生物的感官活動——是源於知覺感受之主的用。怎麼理解呢？首先，我們要理解生物的感官與知覺感受之主的關係，就是主體與個體的關係。即主體知覺與個體感官的從屬關係。所謂生物感官，它只是一種感受的器官。嚴格上說，是沒有活動能力的。真正的活動能力，乃是知覺感受之主的作用——即知覺的賦能作用。也就是說，如果感官脫離了知覺感受之主的賦能作用，就是一個沒有官能的器官。所謂官能，即生命感官活動的感受能力。那麼，沒有感受能力的生命感官，便是一具屍體。因此，感官是有官能生命力的。這官能生命力——即為一種能動性知覺（**簡稱為感官知覺**）。這感官知覺在個體生命活動時，便表現為感官活動。

然而，個體生命的感官活動，相對知覺感受之主——是「被見」的。怎麼理解呢？也就是說，個體生命之感官活動或心意，是知覺感受之主的所見（**即用**）的部分——叫「被見」。所謂「被見」，就是有一個在「見」的——叫見者。那誰在「見」呢？就是那個知覺感受之主在「見」。其實這個感官之主，就是「見者」的意思嘛——即「知覺的祂」。祂是一切生物感官活動的見證者（**簡稱見者**），同時也是知覺的享用者。

怎麼理解這個享用者呢？這個「享用」跟人類的享用不是一個概念。所謂感官之主的「享用」，就是主奎師那的知覺作用到個體生物感官上——使其產生感受效果，從而達到祂的知覺與能量的互動——展示出物質知覺效應。這個物質知覺效應，就是其生物的感官知覺活動。這就是知覺「享用」的意思。然而，「知覺的祂」（**主奎師那**）需要物質享用嗎？不需要。祂只需要知道祂的知覺與能量——在物質創造和造化中的展示結果（**即生物的物質知覺效應**）。其目的，就是要讓生物通過物質軀體的感官知覺——去瞭解至尊知覺，從而使生物達到自我覺悟。這就是感官之主的「見」或「享用」的定義。

另外，至尊知覺在感官世界裏，以物質能量存在於個體生物的感官中——展示著大千世界的多姿多彩；又或者說，祂通過眾生物的感官活動，在推動物質自然的進程中——以其知覺去感受物質世界的一舉一動。這就是至尊知覺之「見」者（即感官之主）的實相。也是至尊知覺與梵覺互動展示的實相——即至尊能量與梵能量（游離知覺）的互動展示。

我們都知道，生物——是主奎師那的游離知覺展示於梵能量；生物體——是物質自然三形態展示的活動載體；那麼，生物體知覺這部分，就是主奎師那的游離知覺（即生物）。也就是生物與生物體是兩個部分。

那麼，生物體被見（用）的部分是什麼呢？就是那個感官知覺。什麼叫被見（用）呢？被見和用——是一個關聯語。即因有所「用」而「被見」。也就是說，因知覺與能量互動之「用」的感官心意活動——而被創造的知覺主體所「見」。換句話說，生物體的感官知覺——是一種能量展示。那麼，知覺與能量互動效應的物質感官心意——就是一種「用」的展示。

所謂「被見」的是什麼呢？就是生物體的感官心意「被見」，而非活動軀體「被見」。活動軀體只是「被見」的那個感官心意的載體。也就是說，活動軀體這個粗糙的物質展示實體，只是被人見而已，不是被主奎師那見的。主奎師那是不需要見我們的物質軀體的，因為軀體的一切活動——是受心意而動。換句話說，心意是一切感官活動的成因。所以，這個知覺感受之主，只要「見」你的感官心意就能瞭解一切。「見」即知覺，「被見」的即能量。這就是知覺與能量之互動效應。

知覺與物質實體（即軀體）是不能直接相見的。因為本質不一樣。知覺是無形的，軀體是一個實物。所以，這個「被見」——實質就是指那個心意活動被見。這就是知覺（即見）與能量（即心意活動）之互動效應（即用）。

關於能量展示，在物質宇宙能量展示中，有知覺能量和物質能量；而物質能量，又有物質知覺能量和粗糙物質能量之分。那麼，物質知覺能量——是展示於感官心意上，粗糙物質能量——是展示於物質軀體的活動上。在整個生物體中，軀體與靈魂各對應宇宙展示的不同能量就是：物質軀體——對應的是物質能量，靈魂——對應的是知覺能量。所以，生物體（人身）就像大宇宙裏的影子，一個一個地展示於人間。

的確，人身這個小宇宙，與大宇宙是相連的。如「生物」（主奎師那的游離知覺）在身體中，以靈性知覺（純靈）存在於人的心中，並與「魂氣」相呼應；其內感官心意就像游離的知覺，它與「魂氣」之間相互動——作為純靈的外在知覺。所謂內感官，即不展示的官能知覺。所謂官能知覺，就是所有感官動能的源頭。這裏有一個要搞清楚的——就是心意與官能，兩者有著不同的知覺功能。如「心意」是感官活動的知覺導向者，「官能」是感官活動的知覺能量者。另外，是作用上的不同。「心意」是雙性之靈與物兩用的——即靈性和物性都得靠它來導向；而「官能」是單向的，只對感官賦能。但它倆都是精微的物質知覺。這個我們要理解清楚。

那麼，既然心意是物質知覺，為什麼不叫心意知覺呢？之所以不叫心意知覺，乃是因為心意既是知覺，又是感官。這就是那個不同的「用」之意。我們要好好理解這個「用」字。這個「用」是有多層含義的。如，無相的「用」（即知覺），有相的「用」（即物質），知覺的「用」（即能量），還有空間的「用」（即展示）。一句話，「用」——就是至尊存有的物質能量展示。

這句話又怎麼理解呢？我們可以這樣理解，就好比你有錢，是不是需要把錢變為物質用品——才能用在生活上呢？當你的錢變為生活用品時，錢就是你的「用」了；你的錢體現在你的享用上，就是你的一種財富展示。那麼，錢、財富、生活品、享用這一切是不是都在體現出你的富有呢？這個富有，就是你的財富存有嘛。換言之，因為你有這樣的財富存有，你才有享「用」之可能。亦即你的「用」——就是你的財富存有的物質體現。同樣，「至尊存有」意思就是宇宙的一切擁有。也就是說，當主奎師那展示（用）的時候，就是宇宙物質能量的展示（即物質造化）——這就叫「用」。即「至尊存有」的物質能量展示之意。

心意具有三種「用」的可能性。比如，它在導向靈性的時候——就是靈性知覺的「用」；它在導向物質追求時——就是人相的「用」；它在靜態思考時——就是思維（空間）的「用」。因此，心意是一個可變的感官之用。

人的感官活動，是物質自然三形態造化下的產物，它是為物質軀體服務的。所以，只要感官活動不成為心意「識」的導向，那感官活動就無所謂的對與不對。怎麼理解呢？就是說，這個心意的功能知覺——是雙性的（即靈物兩用）。當感官活動與心意聯動時，心意如果有意識地導向靈性活動的話，那這個心意的感官活動就不會成為「識的儲存」。只有心意的感官活動成為「識的儲存」時，人才會依附物質而進入因果世界。換句話說，「識」是在心意的導向下產生的，它既是人生緣起的因，又是輪回之果（即業識）。感官心意就是這樣——主導著人的感官活動，這就是人相之用。

感官心意與感官之主是什麼的關係呢？——是個體與主體的主僕關係。這種主僕關係就是靈性知覺之用。所謂主僕關係，就是一種契約。所謂契約，即感官心意的僕人本性——必須導向靈性知覺；否則，就受其違反契約的懲罰——因果輪回。也就是說，如果人的感官心意不導向靈性知覺，這個體（生物）便進入物質世界因果輪回。也就是當人的感官心意受物質遮蔽時，說明了這個個體（感官心意）脫離了主體（感官之主）。這種生命狀態——必然為追求物質享樂而自以為是。

主奎師那祂為了生物的知覺提升，在生物的生命展示期間——設下了兩套生命展示系統；一個是因果輪回（對應物質軀體）；一個是知覺回歸

（**對應靈魂知覺**）；同時祂也在人的生命中——配上了一個心意，目的是讓你在生命期間有所選擇——是走因果輪回還是知覺回歸。你看，心意是什麼？就是一個感官的知覺導航者。然而，心意雖是知覺導航者，如果沒有超然知識的啟迪或知覺能量的發生；它就像一只承載著感官的「小船」——漂浮在物質自然中，隨物質自然三形態之隨波逐流。這就告訴了我們，心意本身，也是一種物質形態，同樣存在於物質自然中——不知不覺地影響著我們。如，心意上展示的——那個心態，頭腦上展示的——那個識，軀體上展示的——那個行為。如果我們不修心，這個心意是無法導向靈性知覺——恢復主僕關係，然後活在無明中。這就是心意的靈與物兩用之兩重性。

那麼，心意與物質自然三形態又是如何的關係呢？「心意」是至尊人格主創造於物質自然中——作為生物體的一個物質知覺活動工具。所以，心意與物質自然三形態，都屬於一種物質形態的東西。也就是在人的生命表現中——善良、情欲、愚昧這些形態，都經由心意能量——展示在人的感官上。這就是心意與物質自然三形態之間在生命結構上的關係。

然而，此形態（**心意**）與彼形態（**物質自然三形態**）又有所不同的：「心意」是物質知覺本身，「三形態」是物質能量本身。在知覺與能量之間，「心意」既是知覺，亦是能量。也就是當它以能量展示時，就是一種物質形態；當它以知覺展示時，就是一種知覺形態。這又怎樣地理解呢？

在人的生命軀體裏，作為心意，它是一個內感官，同時具有兩重身份——心和意。「心」代表那個純靈知覺——即純靈之心（簡稱心靈）；「意」代表那個感官思維的心理活動——即想、思、念、識等。所以，心意就這樣具有靈與物兩用的功能。那麼，心和意在人的生命裏，兩者的關係上如何展示它的功能的呢？

「心」既然代表那個純靈知覺（即心靈），當然是靈性知覺的了。然而，在人的生命裏，「心」（即心靈）如果沒有與超靈知覺契合或激活的話，它是很難發揮它的知覺性的。當「心」（即心靈）不能發揮它的知覺性時，此「心」便隨「意」動。此時，這個「意動」便是一種心意能量。也就是說，當「心」不能發揮知覺時，就是心和意混在一起——叫心意；它是一種物質形態，可影響人的心理活動的。那麼，如果此「心」被激活時，「心」就不會隨「意」動了；此時，「心」便能發揮著它的知覺性。

什麼叫知覺性呢？之前曾開示過，知覺性的「性」就是知覺的那個「用」的展示。展示什麼呢？展示知覺的那個能量。也就是說，知覺的「性」展示時，就是一種能量之「用」。換句話說，純靈之心的知覺性一旦發揮，這個「心意」——就是知覺了。這知覺的那個「用」——就是知覺能量了嘛。所以，當我們的「心」不隨「意」動時，「心」本身就是一個知覺（**叫知覺心**）。這個「知覺心」的用（**即能量**）——就能導向靈性知覺的那一端。也就是當這個「知覺心」一旦發揮作用，人就會自然對「超然知識」產生與趣。然後，在追求和接受「超然知識」的理解中——獲得知覺能量。

所以，「心」作為知覺，當它發揮著知覺意向——對靈性追求時，這個「意」作為感官官能的意向——必然是正思維的。也就是說，這個軀體的「意動」在心的靈性知覺主導下，「心」和「意」便自然而然地導向正思維。此時，「心」就不會隨「意」動了。這樣的感官心意活動，就是主僕關係之僕人的本性。即個體感官從屬於主體知覺之感官之主之「用」和心意有意導向靈性知覺的感官活動。

人如果在這樣的心意下，所產生的感官活動——是不會有業力的。無業力的感官活動，才能在修行上得以進步。這是修心的關鍵。當人修到這一步，知覺大門就在你面前；只要你的知覺能量足夠的話，此知覺大門就向你敞開。這就是「心不隨意動」的結果——即靈魂自我覺悟。

所以，心意的理解很重要，它是整個修行課程的主題，是修心的法行。如果修行離開了這一法行，一切都是白修。

那麼，感官之主與超靈的關係又是怎樣的呢？首先，要知道超靈是什麼？就是奎師那知覺能量。然而，知覺能量在不同的展示領域，就有不同的展示作用。所以，超靈有著不同的展示功能。比如，作為梵生物的「超靈」展示——就是知覺照耀能量；作為照耀其生命展示中的個體靈魂的「超靈」展示——就是奎師那知覺；作為奎師那知覺能量的「超靈」展示——就是明白之洋維施努；作為明白之洋維施努與個體靈魂連通的「超靈」展示——就是明師嘴巴的絕對真理；作為生物體（人）的內在「超靈」展示——就是靈魂知覺；作為形而下用的「超靈」展示——就是超然知識；作為物質生命體活動能量的「超靈」展示——就是知覺能量的放射光燦；作為感官知覺的「超靈」展示——就是感官之主。

「超靈」既是奎師那知覺能量，又是感官知覺的主人。祂是一切生物的「見者」。所以，感官之主與超靈，就是知覺能量在不同展示領域——所展示的不同作用；感官之主就像一個感受者，超靈就像一個見證者。也就是以知覺——隱性於個體生物中；以能量——顯性於感官活動中。怎樣理解呢？就是說，能量顯性的生命體之感官，是被用於知覺的展示中。言下之意，這個生命體之感官——是有主人的，這個就是感官之主。只是這個感官之主，是一個隱性的知覺空間。所謂隱性的知覺空間，就是我們沒辦法體會自身存在的一個知覺空間。所以我們「被見」了都不知道。這個「被見」我們怎樣才能知道呢？或者，我們應該知道還是不應該知道的呢？然後，又應該怎麼做好這個「被見」者呢？

其實，知道或不知道都只是一個概念詞。瞭解有關這些超然知識才是王道。所謂感官——就是服務於軀體的各個活動器官。如十感官（眼、耳、鼻、舌、身、口、腿、手、肛門、生殖器）都是受心意驅動的。只有瞭解心意知識，才能用好你的感官。所有生物的感官活動，都在一個展示機制裏。所謂展示機制，就是主奎師那設定的個體生物活動的一個物質原則。即不同的生物體

——按不同的感官官能知覺去行事。比如，動物有動物的官能知覺——就是吃、睡、交配之功能；植物有植物的官能知覺——就是吸納日月光華和繁殖之功能；而人的官能知覺呢？除了綜合以上兩者外，還多了一個心意功能；這個心意功能——實際就是感官之主之「見」的對象。也就是說，至尊人格主見的是——你的心意。

所以，這個「機制」相對我們的感官，就是一個知覺的「體」——即感官之主。怎樣理解呢？首先我們要理解這個「體」是什麼？它是一個完整的或整體的意思、空間的意思、載體的意思和主體的意思。但在這裏說的知覺的「體」，就是指感官知覺的整體的意思。這個「整體」對於個體生物的感官知覺來說，這個「體」就是個體生物感官知覺的「主」了。也就是說，人的感官知覺——就是那個感官之主（即知覺體）作用其感官活動上。即主奎師那通過這個官能知覺（心意）——來瞭解眾生物的一切感官活動。所以，生物感官本身，相當於宇宙中物質展示的那個動態世界。然而，生物體（人）在這個動態世界的感官知覺中與其它生物體（動物）不同的是，多了一個靜態的心意。為什麼人會配置心意這一功能呢？其目的又是什麼呢？至尊人格主配置給生物體（人）的心意功能，其目的主要是——與外在感官軀體相連通，透過感官思維——去接受或認知世間事物的。然而，人又因為具有心意這一功能，所以很容易以感官之主自居——活在物質享受中，從而遮蔽著靈魂知覺——使其陷入無明之中。這就是今天要講這一題旨的重點所在。

今天我們應該認識到，至尊人格主配給人類的心意——是祂知覺展示的一個「用」。這個「用」就是祂的人格——展示於我們的心意之用上。其目的是讓生物體（人）通過感官知覺——去瞭解至尊知覺，從而達致自我覺悟；同時，至尊人格主也通過這個官能知覺（心意）——充分地體現祂的人格性造化（即人格展示）。所以，人的心意功能，實際上是知覺展示之「用」或感官之主之「用」。目的又是賦予人類一種微小獨立性。

那麼，心意與微小獨立性又是如何的關係呢？心意與微小獨立性，在作用生物體（人）的感官上，大致是一樣的，也是生物體（人）的知覺部分。只是心意知覺，與微小獨立性的知覺有些不同。也就是說，心意——是感官知覺，微小獨立性——是人格知覺。所謂人格知覺，就是有別於動物的一個生物體。所以，在生物體（人）的生命構成中，微小獨立性是人自我覺悟的人格知覺。它與心意是相輔相成的。也就是，當人的心——處於在「不隨意動」時，就是微小獨立性發揮之時，其純靈之心的知覺性——便得以發揮；當人的心——處於在「隨意動」時，微小獨立性便沉睡於「意動」中。此時，人的心意活動便成為「識」（即業識或識的儲存）。也就是說，當微小獨立性的知覺性沉睡在「意動」時，他的整個人生——都會依附於物質而活著。此時，這個人就等於失去了人格知覺。繼而，物質知覺就是他的全部，愚昧和無明與他的人生——相依相伴。這樣的人生，就是活在無明中；這樣的生命旅程，就等於白走一趟。

說到這，我們幾乎有點明白了。人的生命結構是如此的微妙；心意、微小獨立性、感官、物質軀體……等等，這些名詞看似簡單，但簡單裏邊大有乾坤。這就是「形而學用」的精髓所在。所以，當我們形而下用的知識瞭解到一定程度的話，你的形而學用就得法了。

心意、微小獨立性、感官、物質軀體這些名詞，我們可能都很熟悉。但它的內涵，今天的以前，也許你一個都不太瞭解。今天就說個透，為什麼至尊人格主把心意跟微小獨立性，要分開展示來（用）的呢？這就是生物體（人）的生命結構使然。因為生物體（人）是一個靈與物兩用——且相輔相成的一個生命結構體。什麼意思呢？就是說，這一生命結構體的靈與物，直接相互作用影響著你的人生去向——是靈性回歸，還是因果輪回。這個靈呀，是指知覺方面的。如靈魂、純靈、知覺心、生物及微小獨立性。而物呢？就是指精微物質的。如官能，心意，魂氣。

在這些生物體（人）的主要組成部分中，我們不難看出微小獨立性和心意在人身構成中是最為關鍵的，就是靈性與物性的對立與統一。所謂對立，即各自的存在與展示；所謂統一，即靈與物相互構成成為一個生命體（人）。這就是靈物兩用——且相輔相成的生命展示之實相。

然而，在整個人生裏，心意——是所有身體感官活動的中心。即一切感官活動——都經由它的發出。所以，只要我們對心意有一個明瞭的瞭解，你的「形而學用」（即人身修行）就會事半功倍。之前我們都說，人生無明是與生俱來的。可是，後天的人生，是否可以不無明的呢？也許我們從來不曾想過。所以在整個生命裏，「無明」一直在相依相伴著你的一生，致使你無明於靈性知識，不能從根本上去理解這些形而學用的知識，或者理解在很表面的概念上。這就是眾生與生俱來的一種無明現象。就是那個物質概念化——把我們困在那個現象中走不出來。

無明本身沒有錯，因為我們的生命來自物質自然。所以與生俱來的無明——那是物質軀體的事。也就是說，「無明」不是人生的本性，而是人生的生命現象；人生的本性——是知覺的，知覺不存在無明。

要知道，我們身上有一個「明白」的，而且還是真正的主人——那就是純靈。也就是說，假如我們鏈接了純靈那個知覺心，就等於明白之洋維施努那個超靈知覺通道已打開；當這個知覺通道打開了，我們自然就不會無明了嘛。這說明什麼呢？說明人生的後天，通過修行接通那個知覺心，人是可以不無明的。

剛才說了，人是一個靈物兩用的生物體。那麼，心意就像這靈物兩用的鏈接軟件。我們只要把心意用好，我們身上之靈與物就可以聯動起來。即那個知覺心就能——從「無明」到「明白」。你看，這個「明白」是不是就是後天的事呢？靈物兩用就是這個意思。

所以說，與生俱來這個「無明」並不可怕。可怕的是我們不善於去反聞「無明」是什麼，然後不知不覺就活在那個「無明」的現象中。

其實，「無明」是指人的感官頭腦——對靈性知識的無知。所謂的與生俱來，就是說人的軀體因為來自「物質自然」（即「物質自然」的產物）。所以對軀體而言，肯定是無明的。也就是說，物質軀體既來自物質自然，它的歸宿——最終必然是要回歸「物質自然」的。所以，人需要明白的不是物質軀體，而是我們的內在靈魂。這是生命期間人生的活動使命。這個人生活動使命，就是內在靈魂於明白中——達致純靈知覺的提升。這是主奎師那祂的游離知覺——在宇宙展示中的完美性。所以，這個「完美性」註定生物體（人）的生命活動使命——靈魂必須要擺脫物質軀體與生俱來的無明遮蔽。這種無明人生，就是人生生世世輪回於因果中的痛苦根源。所以，人要想擺脫這一痛苦根源，還是那句話「唯有修心」。

然而，修心是要有心法的。那麼，這個心法是什麼呢？就是應對心意這一功能的內在知識（即「超然知識」）。之所以「超然知識」是法，乃是因為「超然知識」的內涵——是知覺能量。它有別於形而下用的知識。也就是說，「超然知識」不是那些字形符號的概念知識，它是一種覺悟能量。能量是宇宙間一切展示的內容。所以，應對人間世態的能量——就叫法。如應對普羅大眾的人生觀——叫普度法；應對修行人的善知識——叫佛法；應對人生哲學的——叫法理；應對做人之生存道理的——叫世間法；應對修心的——叫心法；這些法的一切應對之用，都是一種能量展示。換句話說，凡是具有影響力或改變世間事態的，都是一種不知不覺的能量存在。這種能量存在，當應對影響人的感官思維認知時——就叫法。

那麼，「超然知識」的內涵，是因應修心覺悟的。所以是一種知覺能量或心法能量。之前某篇章曾說過「超然知識是一種知覺能量」。也許有人不理解說，「知識怎麼是一種能量呢？」今天說到心法，順便把這個因緣給說透它。

什麼叫知識？知識有內涵和概念之分。文字是知識的符號——即概念知識。而內涵知識是看不見的，這才是真正的知識——叫心法知識，它是可以改變或影響人生觀念的知識。也就是說，概念知識——它是應對感官頭腦認知的知識，內涵知識——它是應對心意之趨向靈性覺悟的能量知識；也就是看不見的內涵知識或心法知識，之所以能改變人生，就是能量作用的使然。你看，世間知識尚且是這樣，更何況是超然知識呢？所以，超然知識——是應對心意之趨向靈性覺悟或靈魂覺悟的能量知識，也是「知覺能量」中的心法能量。換句話說，心法能量本身，就是超然知識的內涵。當它應對在人的修心過程中——就是「心法能量」了（**簡稱心法**）。

心法能量與知覺能量是啥關係呢？它倆是個體與總體的關係。即形而學用之承上啟下。什麼意思呢？首先這個「形」——即形狀的意思，是指有形的軀體。相對天地間，這有形軀體的頭腦為之形上——對應的是天；頭腦以下為之形下——對應的是地；「形而學」——是指人的求知本能；「用」——是指人對知識本能的運用；那麼，「形而學用之承上啟下」，就是說，人與天地間是一致的。形容在人體中，形上（**頭腦**）與形下（**身體**）就像「形而上道的知覺」與「形而下用的知識」之承上啟下一樣。即天地間的「形而上道」對應是人的頭腦與「形而下用」對應是人的身體各感官——這樣的上下之間之承上啟下。也就是，小宇宙與大宇宙之間的知覺關聯。

這個「形而學用」之承上啟下，就告訴了我們，物質世界的知識與知覺的轉化過程——實質是在我們的小宇宙裏邊的。也就是說，形而上道的「知覺」我們攀不著，但形而下用的「知識」，我們是可以學得到的。只要我們的「形而學」（即擁有這個知識），這知覺（即用）就在其中。也就是知識是知覺展示的內容。所以，「形而學用」實際就是知覺的一種「用」。這就是我們的「形」（即人身）「而學」（即知識）「用」（即知覺）之承上啟下的理解。也是「心法能量」在人間存在的知覺形式。

然而，這些「心法能量」當作用在我們的靈魂知覺上時，才是知覺能量（即超靈或奎師那知覺）。也就是說，「心法能量」與「知覺能量」在宇宙展示中，相對主奎師那的知覺展示而言，「心法能量」是祂的游離知覺（純靈）的造化能量——亦即祂的知覺之「用」的展示。「知覺能量」是祂的游離知覺（純靈）的回歸能量——亦即祂的知覺之「體」的展示。

那麼，相對生物體（人）的修心而言，「心法能量」是證或修的覺悟能量，「知覺能量」是果位的成就能量。整個展示知覺「用」的過程，就是道、法、體、用的過程。即「道」即修；「法」即證；「體」即知覺；「用」即能量；所以我們修行的整個過程，都無不在感官之主超靈的見證下所發生的。我們生物體（人）的存在本身，就是知覺之主的「用」——而被展示著，而被見證著。

因此，我們的一切感官活動，是因為被「用」而存在。因而，人是沒有自我享受的權利。要是想得到「用」者（感官之主）的滿意，就得要瞭解「用」者（感官之主）所展示「用」的本意。我們讀懂了主奎師那祂所展示的「用」，才能明白感官之主是什麼？才能用好我們的感官——而不墮入物質依附的感官享受裏。

人的感官只因生存需要而活動——即本能活動。這個本能活動——就是感官之主的「物性」之用；而自我覺悟（靈魂知覺回歸）——就是感官之主的「靈性」之用。因此，生物體（人），實質就是這靈與物兩「用」展示的一個生命實體。所以，人在整個生命中，其感官不應該只活動於物質方面。而是要靈與物活動相結合。這樣，人的感官活動，才不會跌落物質依附的感官享受中而忽略了靈魂覺悟。

靈與物結合之兩用，是人的一個生命展示特質。這一特質，決定著人的感官活動之目的性——就是要靈魂覺悟。所以，人的感官活動，是不能忽

略靈魂知覺之用的。否則，人的感官活動，必然跌落物質依附的感官享受中

——因果輪回。

第10章

知／覺／與／能／量／梵

第10章
知覺與能量梵

我想「能量」這個詞大家都比較熟悉了。因為之前那些篇章都經常會出現。但是「能量梵」這個詞，也許大家比較生疏。然而，它也是能量的一種。「能量」是知覺展示的一個總稱，不同展示就有不同展示的能量。之前說「能量來自於知覺」或「能量是知覺的用」等等，這都是講能量的出處。可今天要說的是，能量展示的種類。即知覺在不同空間——所展示不同種類的能量。

知覺展示是有「形相能量」和「形態能量」之分。能量的「形相」和「形態」，是因知覺展示的那個需要而展示的。換句話說，知覺的展示能量——是根據物質宇宙運作的需要來展示不同的能量的。如半神人、化身、梵、神仙、鬼神（阿修羅）等，這些沒有粗糙物質軀體的——就是一種「形相」能量展示；而物質自然三形態、人的意識形態、社會意識形態和心意動態等，這些能量態勢——就是一種「形態」能量展示。能量是整個物質宇宙創造和運作的源動力。如果以一部汽車來形容這個物質宇宙的話，「知覺」就像物質宇宙的引擎，「能量」就像物質創造和宇宙運作的原油。

那麼，以上這些能量展示中哪些能量，是與生物體（人）息息相關的呢？那就是「形態能量」裏的物質自然三形態、人的意識形態、社會意識形態和心意動態。它與人的生命結構有著直接關聯。而「形相能量」中，除了「梵」與人的生命結構有關外，其他的「形相能量」與人的生命結構都沒有直接的關聯。

關於物質自然三形態、人的意識形態、社會意識形態和心意動態，之前那些篇章已講過了。現在著重來講一下能量「梵」。

「梵」即靈光的意思。從能量的形相來說，「梵」就是生物的能量光。我們應該知道，在宇宙開創時，先有空間，後有能量。在這個空間展示的能量光——就叫梵光。即「宇宙創造者」的篇章裏所講到的那個「造化場」。它是一切能量展示的開始。在這個「造化場」中，生物是這個「造化場」的主角。怎麼說呢？就是一切物質展示都因其生物（**即主奎師那的游離知覺**）造化而配置的。也就是說，所有能量都為之而展示，為之而存在，為之而造化。

剛才說了，能量——有「形態能量」和「形相能量」之分。然而，在能量的最早期展示——只是光色的能量。也就是說，生物的早期展示，是一種既沒有形、也沒有相的光色展示。這光色展示——就叫梵光或能量光。它是游離知覺造化時，所特定展示或產生的能量光。然而，由於它的本質是游離知覺，所以叫生物梵或梵光。

這能量光（**即梵光**）與游離知覺（**生物梵**）之間是啥關係呢？游離知覺——就像梵光的光源，而梵光——即為游離知覺光源的光燦。它倆就像太陽與太陽光一樣；一個是能量本身（**游離知覺能量**），一個是能量產生出來的光燦。

那麼，以能量展示來說，造化的主體（**游離知覺**），就是造化場的動因；而這個動因，就是一種能量展示。換言之，造化場的能量光燦，就是那個梵光能量。也就是說，先有生物能量（**生物梵**），後有「形相能量」和「形態能量」。這個後有能量怎麼理解呢？所謂後有的這些能量，就是為了生物（**即游離知覺**）的造化而配備的能量。那麼，生物能量（**即生物梵**）與這些「形相能量」和「形態能量」所形成的這個能量場——就是梵空間了；這個梵空間所展示的生物造化之修行層面或界面——就叫梵界。

所以「梵」是一種形相能量，「梵光」是生物能量。這怎麼理解呢？兩者又是什麼關係的呢？所謂形相能量和生物能量，是同一體的能量。只是相對宇宙的展示而有所不同的作用。「梵」——是指泛生物。那麼泛生物，都是以光色「形相」展示的。所以說，能量（**梵**）是泛生物的總稱，能量（**梵光**）是泛生物的展示形相。

梵光，是指游離知覺展示於泛生物時所體現的能量光。換言之「梵光」是生物形相的一種能量光展示。之所以說它是一種「形相能量」，是因為游離知覺展示本身，是一種能量展示。所以，生物形相（**光色**）與其本身游離知覺的能量，在宇宙（**梵**）的展示中，就是一種「形相能量」。由於這些「形相能量」（**即梵光**）——來自於泛生物；所以，又叫生物能量。也就是生物本身——既是能量又是光。

「梵」與「梵光」就像光源與光燦的關係。這個光燦的場態——就是梵空間了。所謂梵空間，就是生物展示的活動空間，共有十八個界面（稱梵界）。生物的展示界面越高，說明此生物的能量就越大，標定此生物的修行境界就越高。

所謂光源，就是主奎師那那個游離知覺，通常叫生物能量或梵能量。怎麼理解呢?就是說，這游離知覺在造化時，已展示為一種生物能量；當這生物能量以光色展示時，它就是一種能量光（叫梵光）。剛才說了，梵能量和梵光，就像太陽與太陽光一樣。所以，梵能量和梵光，實際就是一個整體概念。打個比方，我們說曬太陽。其實我們沒有接觸到太陽，只接觸到太陽的光是不是?然而，雖然你沒接觸到太陽，但陽光是連著太陽的。所以說曬太陽也是成立的。因為太陽和陽光它是一個整體不能分割的。就是這個意思。同樣，生物能量（即梵能量）與梵光，就像太陽和陽光一樣，也是一個能量整體。所以叫梵。

那麼，整個梵的展示空間——就叫梵界；生物所展示的光色——叫梵光；生物在生命期間（**即生物體**）的覺悟——叫梵覺。所以，梵界、梵光和梵覺就是一個整體，這個整體——稱為梵；亦即生物修煉的整體展示，包括生物的生命過程（**即生物體**）的展示。

整個梵（**生物**）展示中，梵界——是生物的家園，梵光——是生物的本質，梵覺——是生物的修行本性。那麼梵覺，相對眾生來說，就是其生命展示的活動目的。即通過生命旅程達致覺悟知覺。所以，梵覺是生物在生命（**即生物體**）期間修行覺悟的本性知覺。也就是說，對於生物體（**人**）這個生命旅程，梵覺就是他的人生主題——即靈魂覺悟。

那麼，靈魂覺醒與生物梵覺，是怎樣的一種關係呢？就是那個二元性或雙重性的關係。即靈魂覺醒——是生物在生命階段要修行的事。它是生物體（**人**）之人生覺悟主題；而生物梵覺——是生命階段人之覺悟主題的本性知覺，兩者乃是相輔相成的。（**關於靈魂與生物之二元關係，在「因果制約」篇裏有詳述**）

梵界與梵天和梵是怎麼的區別呢？梵界與梵天是兩個不同的概念。「梵界」是指眾生物展示與活動的空間。「梵天」是指梵（**生物**）與天地兩個部分——即整個物質展示的空間。從創造、運作和維繫的整個物質展示來說，「梵天」既是一個空間名詞，又是一個創造者的名稱。（關於創造者梵天，在「宇宙創造者」篇章裏也有詳盡）

「梵天」與「梵」不是一個範疇。「梵天」是知覺之能量本身——是物質造化的能量源頭；「梵」是知覺之游離部分——是物質造化的推動能量。所以「梵天」與「梵」是宇宙展示中的兩個部分；一個是主奎師那的物質創造部分——即能量展示，一個是祂的知覺造化部分——即參與推動物質進程。

在這兩個展示部分中，最為複雜的是「梵」這部分。因為它既是能量部分，又是知覺部分。也就是說，主奎師那從祂的主體知覺展示出知覺造化這部分——參與物質進程的時候，這知覺造化部分——就變為一種游離知覺。而這游離知覺在宇宙展示中，又以一種能量作為物質造化和運作。這就是「梵」理解的複雜性。然而，只要我們把游離知覺理解好，其複雜性也不難理解的。

那麼，什麼是游離知覺呢？以資本投資去理解，它就好比我們去投資，會專門把部分的資金放到投資市場裏。如股票市場、房地產市場或某些有關資金運營的投資項目。當這些投資資金投放到投資市場去時，是不是就等於這部分資金——已游離在投資市場上的資金了嗎？這就是游離的概念。那麼，投資是為了什麼呢？是為了資金的增值嘛。那資金增值在現實生活上，是不是就是一種「量」的體現呢？資金增值的量，就叫資金量嘛。如果以這樣的比喻，去理解這個「游離知覺」的目的意義的話，那就是主奎師那以部分知覺，投入到物質展示造化中，這部分投入的知覺——就是祂的游離知覺了；當這部分游離知覺——投入到物質展示時，能量運行（**即能量梵或生物能量**）就是祂的知覺的「量」體現部分了。也就是說，這個能量梵（**生物**）就好比投資股票或房產等投資出去的資金一樣，只是暫時離開了主奎師那的主體知覺而游離於物質展示中——體現為能量梵。所以，作為主奎師那知覺能量體現的「能量梵」——就是祂的能量體現部分；生物就是祂的游離知覺部分。之所以叫游離知覺，就是主體的部分知覺——暫時游離於宇宙能量展示的「用」去了。其目的就是為了純靈知覺性的提高。

也就是說，這游離知覺用作宇宙展示時，雖然是一種能量展示，但它的本質上還是知覺的。所以叫知覺能量。換句話說，游離知覺在物質自然中的存在身份，雖然是生物能量（即參與物質展示的運作能量），但其本質「知覺」最終——還是要返回主奎師那的本體知覺中的。即生物在物質自然展示的最終目的——就是要知覺回歸。

所以，修行是個體生物的法定職責。也就是人生——本該要修行的。只是修行的緣起——可能各有不同。這裏有兩個概念，我要給大家理清楚的，就是生物與生物能量，它是兩個概念。生物是一種個體形式，能量是一種共體形式。所以，在物質自然裏，生物能量——就是梵；生物能量展示的光色——為梵光；生物在物質軀體裏——稱為靈魂；生物（純靈）在靈魂裏——稱為個體生物；這是游離知覺——所展示的知覺能量形式，也就是生物的存在形式。因此，人的生命實質，就是生物這個游離知覺——必然要回歸到本體中。那麼，人的生命之身軀，就是游離知覺回歸之修煉載體（即「博伽梵歌」裏說的「場」）。

今天我們要搞明白人的生命實質與人活著的目的意義，這是修奎師那知覺的重點課題。這重點課題是關乎於生物這一游離知覺——如何回歸本體。

在人的「生命實質」與「人活著的目的意義」這兩大塊的課題中，這個「生命實質」，是一個修行「理入」的課程；而「人活著的目的意義」，是一個修行「行入」的課程。然而，修奎師那知覺的課題中，兩者是一致的。即通過理入課程（**即法理知識**）去瞭解人的生命實質性，然後行入於修心之中——這樣的兩者一致性。也就是說，修之於心法知識，行之於法理融匯——這樣的理行二入。

所謂「理入」，就是修行中「修」的部分。不知道大家能否理解這個「修」。其實，修行它是兩個部分的；一個是「修」，一個是「行」。那麼，「修」——就是修於正向思維的意識，「行」——就是行於正向思維的言行。如果修和行兩個部分都能相互協調，就是一個得法的修行人；如果修和行兩個部分還沒達到相互協調的話，那是一個正在修的修行人。所以，「修」是人生的大主題。

這個「修」在世間中，它是體現為那個「理入」的課程，它對應的是人間的做人之法。如世間中，人生常理——就是做人的基本法；人生道理——就是日常生活的知識法；人生覺悟——就是超然知識的心法；靈魂解脫——就是奎師那知覺回歸法；這些就是不同層面的人生之「理入」的課程。也就是說，不同的「理入」課程，就有不同的法理知識；不同的法理知識，就有不同的行入課程。換言之，不同思維層面的人生，對應不同的法理知識，就有不同的行入課程。

所謂行入，就是通過「理入」的課程在日常生活中——去踐行法理知識。這就是修與行之相互協調。那麼，這個「行入」之效用，是與「理入」的課程有關的。因為「理入」課程的踐行，是關乎於法理知識層面的修行成效。

這個法理知識層面——就叫法乘。也就是說，不同層面的法乘，有不同的修行法理；不同的修行法理，就有不同的人生修行成效。即我們所說的——百分之六十五和百分之三十五的課程之別。

在「理入」的課程中，超然知識之「修心法」和奎師那知覺之「回歸法」，是屬於修行法理的百分之三十五之課。其他都屬於百分之六十五之課。然而，這個百分之六十五的課，實際又是百分之三十五的基礎課。怎樣理解呢？

之所以人生本該要修行，那是因為人的生命展示中——靈魂之純靈（**游離知覺**）是必然要回歸。所以，理、行二入的「修心法」和「回歸法」（**即百分之三十五的課程**），就是其靈魂之純靈（**游離知覺**）必然回歸的必修之課。

什麼是理、行二入呢？就是「理入」和「行入」同時進行。「修」是指內在意識思維法理的認知，「行」是指外在的言行活動。那麼，意識思維所認知的「理入」課程——表現在言行上的一致性，就叫理、行二入同時進行的修。即百分之三十五課程的修。

百分之六十五課程，通常是指修世間法的法乘。即在人生中，它只要求「理入」，不強調行入。即不同時進行理、行二入的修。為什麼呢？因為世間法，是些關於做人的常識和道理。即順應人生處世的生命觀或人生觀，是生命展示的基本做人之法。這些法乘——主要是在感官思維的理解層面上。所以，是一種相法。

所謂相法，就是一種理念上的法乘。即理念重於行入。這樣的法乘是很難做到理、行二入同時進行去修的。所以，要做到理、行二入一致性的話，唯有心法之法乘。因此，心法是整個人生修行的核心。

心法是靈魂覺悟的法乘。善用心意就是其心法之行入。為什麼這樣說呢？因為意識思維是知識的認知過程——即「理入」的過程。那麼，行入是知覺部分——即心法行。所以，行入是對應心意的。也就是心意——是起理、行二入之承上啟下的知覺作用。換句話說，只有善用心意，那個心意才有承上啟下之能量——去達致理、行二入的一致性。你看，說到底還是關於那個心意的事嘛。所以，善用心意——即為心法之行入（**簡稱心法行**）。

然而，在理、行的二入中，理入法乘的應對是至關重要的。也就是只有應對心意之心法法乘，才能進入理、行二入中，最後完成整個人生修行——即純靈（**游離知覺**）的回歸。因此，心法課程——實際是世間法的加行法。所謂加行法，就是世間法之基礎上的心法行入。

其實，人生修行是指人生在世所應對的兩個法行；一個是基本做人法（**即世間法**）——它是「修」的部分，一個是心法行入之加行法——它是「行」的部分。那麼，人生修行中這個「修」的部分，是個什麼概念呢？就是執行的意思。即修之行於「做人要安守本分」這一人世間的行為準則。也就是說，以「做人要安守本分」作為一種修為。正所謂「修之行於也」。即去做，去執行。也就是「行之本分也」。所以，「修」的部分，實際是一種行為規範。即整個修行的「行」都在一種行為規範裏。

然而，這個行為規範本身，是一種理念修行。而理念修行是一個相法階段。所以，這種行為規範的修行，實際就是在「修」的階段，還沒有步入「行」的階段。亦即還在世間法之基本做人的修行中。

那麼，心法行入之加行法呢？它是關於「行」的部分。即修於行之入，入於心法行。所以叫加行。顧名思義，「加行」就是在修行上加強「行」的部分。這個「行」是有別於行為規範的那個行。它是指法乘之理、行二入的無為之行。怎樣理解呢？這個修行的「行」呀，是一個一音多義詞。它有——去做、去執行、進行、得法或行了這些的意思。所以，在「加行法」之修行的「行」中，就是指進行、得法或行了的意思。

所謂「加行」，它也是兩層意思的。「加」即加強努力，「行」即得到本法乘的能量加持。你看，什麼叫法呀？它不是那個文字概念，它是文字背後的那個內涵——知覺能量。這個知覺能量，就是法的加持能量了嘛。所以，奎師那知覺不是一般的法，它是修行中的加行法。

「加行」還有另一層意思，就是有條件的、或有前提的這麼個意思。即要在世間法或百分之六十五課程的前提下，才有加行可言。

也許有人問，世間法和加行法在人生中是否必須要完成的呢？應該這樣說，世間法其實是人生的法定法。即人生基本做人的法則。你要修或不修，你都得要面對它。也就是說，你認可或不認可，它照樣對你起——因果法則的制約作用。即人的生存本身——已囊括在這個世間法裏的「做人必須要安守本分」之法則中。所以，它不是以完成或不完成去考量的。而是按在世的你「做人要安守本分」做得如何——來判定你的生命修行果報的。

所謂生命修行果報，就是恒定於往生時——那個梵界的界面層次。也就是說，以往生梵界的界面層次——作為標定你的人生修行來考量。所以，這個人生修行考量，實質就是世間法的一個做人法則。即只要在人世間，你就得受制於這個做人法則的生命輪回之考量。因而，世間法的做人法則，不是以修行百分之多少來衡量的；因為它是法則，不是課程。言下之意，所謂百分之六十五的課，是相對百分之三十五的課而言的。也就是說，在有生之年，如果沒有接上百分之三十五課程的話，在你當世的人生修行中，就不存在百分之六十五課程和百分之三十五課程之分。即只有你在接受百分之三十五課程時，才凸顯你的百分之六十五的課程修得怎麼樣。所以，百分之六十五的課，實質是修行的基礎法乘。

那麼，基礎法乘和做人基本法（即世間法）有什麼區別呢？對於人之二元性的活動體來說，「做人基本法」是一種生命因果法則，它是帶有制約性的。也就是說，凡是人，都得必須遵守它。否則，你的生命因果——就會降道輪回。所謂降道輪回，就是說，雖然今天你是在做人，可能下次輪回也許不一定能做人。所以，世間法的做人法則，它既是因果制約法，又是修行基礎法。但是，修行基礎法，是沒有制約性的。也就是說，你修或不修，都是個人的事。只是如果你修，就有修行果報——即內在靈魂提升；你的梵界層面，就比不修的人的界面會高一些。如果你不修，就沒修行果報——內在靈魂不能提升。那麼，你的梵界層面就比修的人低一些，搞不好還有可能降級。所謂降級，即回不去下來時的那個梵界或層面。

也就是說，世間法——是一種因果規範，規範於往生的梵界；修行基礎法——是生物梵覺的「理入」階段（即步入百分之三十五課程的百分之六十五之課）。那麼，如何定義世間法和百分之六十五之課程呢？如果以人的生存定義來說，因果規範就是人生的世間法；如果以人生修行來說，世間法就是百分之六十五之課。換句話說，相對生活的——就叫世間法，相對人生修行的——就叫百分之六十五法乘。

百分之六十五法乘也好，世間法也好，在整個人生中，其考核老師——都不是人，而是百分之三十五課程的修行法則和世間法之因果制約。這些考核法則和制約，都是保障你的世間法和百分之六十五課程的完成度——而順利踏入百分之三十五的課程的。言下之意，如果百分之六十五的課（即世間法）沒完成好的話，那是很難踏入百分之三十五的課程的。所以說，世間法是百分之三十五課程修行的基礎法。

那麼，加行法呢？它是個知覺法。即對應內在靈魂知覺的法。它與當下人生不是一定要掛鉤的。怎麼理解呢？就是說，在人生期間，你可以認可（修），也可以不認可（修）。它對人的物質生存，沒有太大的關係。

只有人在對追求靈魂回歸的時候，加行法才對他起作用。也就是加行法之知覺——才與你的靈魂知覺結上緣，然後體現在你當下做人修行（**世間法**）的同時——加行修靈魂知覺法。因此，也叫加行知覺法。它是靈魂回歸的保障法。所謂保障，意味著必須要在當世達到這一法乘的回歸能量。否則，這一次人生修行之靈魂回歸——就不能保障。怎麼說呢？就是如果在當世達不到這一法乘的回歸能量，當生命結束時，靈魂的歸宿自然又返回到梵的層面去。

所以，靈魂知覺法，相對人生修行來說，它不是普度法。而是人生修行中的加行法。換句話說，加行法只對應靈魂知覺的，不對應人的生存問題的。因此，這個加行法，對於人生只要求生存的話，他不一定要完成。只是如果你不完成就回到梵那裏去而已。但是，對生物（**純靈**）要回歸的話，這個加行法在當世就得必須要完成的。所謂完成，就是修出純靈知覺或靈——與魂分離。這就叫靈魂徹底解脫。（**關於靈與魂分離「感官心意與知覺心」——這篇章裏有詳述**）

那麼，為什麼說世間法的老師不是人而是法則呢？那是因為沒有人告訴你，你的當下修得怎麼樣。只有「做人的法則」反映在你的生活上告訴你——當下你的人生境況是這樣的。其實，所謂百分之六十五和百分之三十五的課，就是人生修行體現的誠實態度——所應對在修行課程上的區分。即人生修行課程中「修」的部分和「行」的部分。所以說，百分之六十五的課——是人生的基本修行課，叫世間法；百分之三十五的課——是人生內涵之靈魂或知覺心的課，叫心法。

在修行法乘中，心法是不反映在世間法裏的，而世間法卻反映在心法當中。所以心法，實際上又是世間法的加行法。那麼，世間法的加行法與根器又有一定的關聯的。

什麼叫根器？根器它怎樣反映在修行的理解上呢？所謂根器，就是我們內在層面——即梵的層面。說到梵的層面，就牽涉到修世間法的生命修行果報了。剛才不是說了嗎？我們的生命修行果報，是按在世的你——遵守做人本分做得如何——去判定你的往生境界的。所以，你的生命修行果報，就是你的梵界層面。這個梵界層面，相對當世來說，就是你的修行根器。為什麼這樣說呢？因為你的修行果報，就是前世被判定的往生境界。這個往生境界，就是你的來世修行境界（即根器）。這裏有一個概念，就是修行果報有別於輪回果報。

修行果報——是指在世曾經修行或與明師結緣的因果報。輪回果報——是指生命輪回的業力果報。兩者雖然是來自梵界，亦展示於生命之軀。但是，一個是顯示物質生命之業力果報，一個是顯示內在生命期間覺悟本性之梵覺的修行果報。也就是說，修行果報——是反映梵覺的修行過程。即修行越大，梵覺越高，悟性越大；這個悟性，就是根器的內涵。

至於根器對修行課程理解的影響是這樣的；所謂理解，就是指我們內在的一種知識層面。內在知識層面，實質就是「形而上道」的那個知覺。只是在我們有形的世界裏，以文字展示而已；當這些文字——通過感官頭腦認知時，就是一種理解力嘛。這個認知理解，就是一種形而下「用」嘛。「用」即學習，也就是存在於人的感官頭腦裏的一種知識。正所謂形而下用——知識也，知識理解——頭腦也。也就是當我們去認知理解（即形而下用）時，它是一種知識展示——為之器。器之形相也。即體現於人的頭腦思維中。也就是說，根器是指人的內在知識展示於頭腦的一種理解力。它就像一個感測器，它的傳感能力強弱，關乎於前世修行之梵覺的修行果報影響的。所以，根器在當世的感官頭腦上對應形而下用的知識時，它就反映出一種知識的理解力。然而，它只反映一個人的知識理解力，不反映一個人的知覺層面。為什麼呢？因為知覺是對應靈魂的，不是對應感官頭腦的。也就是知識的理解力，是反映在人的感官思維裏的一種知識能量展示——叫根器。換言之，梵覺的修行果報，實際是一個人在世修行時——所修的知識能量；當他往生於梵界時，所展示的這知識能量——就叫修行果報。

梵覺——是生物修行的覺悟稱謂，修行果報——是生物修行的知識能量稱謂。所以，根器反映的知識理解力，只說明他的梵覺修行程度——覺了多少而已，不能說明他的梵覺是否圓滿了或知覺了。

知覺是一個終極結果——即靈魂覺悟了。換句話說，當靈魂覺悟了，才能體現出你已知覺了或梵覺圓滿了。當然，在梵覺的修行過程中，是以覺悟層面來體現於你的知覺層面的。然而，覺悟層面是不等於靈魂知覺覺悟。也就是說，所謂覺悟層面，實際是一種知識能量的晉升第次。所謂知識能量的晉升第次，就是知識理解力的提升。所以，理解力實際還是一種知識層面。因而，不同的知識層面的人，便有不同的理解結果；這些的理解結果，就是其根器的形相之果——即人生在世其知識的理解力。所以，當根器反映在感官頭腦上所表達出來的——是一種知識，不是知覺。

知覺不是一種知識理解，它是一種加持能量。即純化心意和淨化靈魂的加持能量。

那麼，根器雖然是內在層面。如果我們心意不乾淨的話，它同樣是有遮蔽的。這個遮蔽往往表現在知識的概念上——讓我們執著於概念性的東西。也就是說，內在層面的遮蔽，會讓你的理解——只處在心意層面而不能與內在「知覺心」相連通。如果不能與內在「知覺心」相連通的話，你再強的根器，都無法發揮它的知覺性——給你修行上的助緣（**簡稱知覺助緣**）。這個知覺助緣，就是你內在（**知覺心**）得到連通——所賦予你修行的幫助。

所以，根器要在乾淨的心意下才能發揮的。也就是說，當我們的心意能夠得到純化時，我們內在（**知覺心**）就能連通。屆時，你的根器就是你的知覺助緣。

百分之三十五的課，不是知識的課，是知覺的課。當然了，我們修心也需要通過有關知識——才能進入知覺殿堂。問題來了，就是我們如何把這些概念性的知識——轉成知覺的能量。這就是百分之三十五課程的重點所在。也就是百分之三十五課程修的理、行二入之課。即理之於心法，行之於知覺——這樣一種加行的修持。

那麼，我們如何保證純化心意呢？這就說到誠心和謙卑心了。修心只是一個標題。誠心和謙卑心，才是修心的內容。如果我們的誠心和謙卑心修不出來，這個修心，只能是一個概念上的修心。這樣的修心，一定是處在心意層面上的。如果修在這樣的層面上，這個人不但是白修，還有可能在原有的梵界層面上降級。為什麼呢？因為心意的遮蔽——讓我們自以為是地認為我的修「行」了，然後，把原來能接上此法乘的因緣功德都消耗殆盡。功德殆盡就等於「德」沒了嘛。當這個因緣功德耗盡的時候，我們的頭腦是不知道的。所以就很容易自以為是。這個自以為是就是你的遮蔽，讓你一直在缺「德」上去修。所謂缺「德」的修，就是一個人在修行上不去用「功」來養「德」。

其實，我們在修行的時候，業力是一種修行障礙。它需要我們的「德」

來淨化的。也就是「德」於心行——業淨也。正所謂心淨看德行，德行看德相。也就是說，一個人的「德」缺了，他的德行自然就不夠；當德行不夠時，他的所謂修行——都全在功利上。這個功利呀，與「德」是背道而馳的。如果一個修行人，與「德」背道，他的修行便不進則退。

所謂不進則退，就是心意不在心智上嘛。當我們的心意不修在心智上，那個心意活動，便成為我們的業識——讓我們活在因果裏。這就是不進則退的意思。還有一個就是，當我們承諾了修行，就得必須誠心地修。否則，你的修行帶雙引號，打著修行旗號修在缺「德」上。這樣的修行人，比還沒有修的人更罪過。這是修行人最可怕的事。這種罪過的懲罰，就是希瓦能量在你身上展示。當希瓦能量在你身上展示時，人的心理必然產生一種負面情緒。然後，覆蓋著你的正思維。這種負面情緒，就是一種罪過的懲罰。也就是說，當我們修行不誠心，奎師那知覺能量就沒辦法與你緣通。那麼，希瓦能量就是你的負面之緣。

所謂緣通，意思是乘著接法的緣，通向奎師那知覺殿堂。我們都知道，主奎師那的能量展示有正能量（奎師那知覺）和負能量（希瓦）。如果我們接法的緣，不能通向奎師那知覺的正能量，必然通向希瓦的負能量。（關於希瓦能量在「宇宙創造者」的篇章裏有詳盡）。

負能量在我們身上表現有兩個狀態，一個是情緒激動，一個是心情低落。情緒激動的話，我們做事會不著邊際或個人膨脹；心情低落的話，我們會失去修行鬥志。這兩種表現狀態都與希瓦能量相通。所以說修行不能試著修，或玩著修。古人云：一路向上轉頭難，修行踩在刀刃上。所以，修行人要時刻留意那個心意狀態。不然，就會不進則退。正所謂修行缺「德」，乃「行」不道——業力也；德於行中，行於道中——德行也。那就是說，修行要講德行的；德於心誠，行於謙卑。不然，與奎師那知覺失之交臂。

因此，修心的關鍵就在於那個誠心和謙卑心。沒有這兩個「心」，一切修行都枉然。一個知覺修心者，他經常要純化心意，常處心智上。這是必須的。因為只有我們的誠心和謙卑心，才能保證我們純潔的心。誠心和謙卑心，也是感動上蒼的知覺心。在修心的課程中，純化心意之誠心和謙卑心，就是一種德行。它體現在對法忠誠，求法真誠，行法心誠，待人處事謙卑——這樣修在奎師那知覺的狀態下，這就叫知覺德行。亦即知覺修心的加行法；「加」即加強努力，「行」即得到本法乘的加持能量。

我們修心的目的，就是為了知覺心（純靈）知覺性的提高。要是提高知覺性，就得必須要有知覺能量才能提高。所以，純靈知覺的提高，實際就是知覺能量的擁有。亦即奎師那知覺能量的加持。

因此，只有奎師那知覺能量之法乘，純靈（即游離知覺）才能得此奎師那知覺能量——回歸家園。

第11章

萬／事／物／裏／藏／知／覺

第11章

萬事物裏藏知覺

知覺——即奎師那知覺，是宇宙一切顯生之源泉。所謂「主」，即宇宙的創造者。祂的名字——叫上帝奎師那。祂的創造本能——就是祂的全息知覺。宇宙內的一切物質展示——就是祂的知覺能量展示。所以，上帝奎師那就是宇宙萬事物的主人。

造物主，上帝，主奎師那，都是一個意思。只是不同時代、不同地域文化和不同種族所稱呼之不同。然而，這些稱呼都只是一個名字概念而已。其真正的實相，宇宙展示的知覺能量——就是一個無形無相的宇宙本體。

所謂宇宙本體，就是具有創造、運作、維繫之能力的一個能量展示實體。這個能量展示實體，對於人類有限的頭腦或知識認識來說，它是一個無限大的宇宙空間。所以，人類無法瞭解上帝奎師那——實質祂就是一個宇宙創造者。誠然，作為一個宇宙創造者，祂必定是一個具有創造、運作、維繫之能力的實體。不然，宇宙之內的一切可以這樣的存在和運行嗎？正所謂不識廬山真面目，只緣身在此山中。人類正是這樣「身在此山中」——無法面觀這個實體存在的創造者之全貌，而只自我感覺身處於一個宇宙的空間裏。因此，人類只看到的是無限大的宇宙，而看不到一個實體存在的創造者。這就是人為什麼不相信有上帝奎師那存在的原委。也就是說，人類所能認識到的——就是一個無限大的宇宙。

然而，人類所能認識的這個無限大的宇宙，也只能是一個空間感。亦無法感受這個宇宙實體的存在。即無法知道這個宇宙有多大。就好比你身體上的微生物，它無法看到或知道你的容貌。它只知道它存在於一個微觀世界裏。然而，這個人類軀體，就是它們生存的實體空間。對於這些微生物來說，存在於一個生命體（**人**）的實體空間上，就感覺它的生存空間已經好大好大，可是也不知道有多大。同樣道理，上帝奎師那——是人類生存的宇宙空間之實體。只是這個實體（**主奎師那**）的存在，相對於宇宙內有相貌的人類生命體來說，祂是一個無形相的能量大實體。也就是說，所謂能看見（即生命相體的存在）和看不見（即能量無相體的存在），兩者只不過是宇宙中一個相對世界觀的認識論。

所謂世界觀認識論，就是感官的（看得見）和能量的（看不見）之不同世界觀的認識存在。在宇宙世界裏，看得見（即有相的）——通常是指生命體和物體。看不見（即無相的）——通常是指能量和事物自然規律。生命體和物體，在其他章節已論述過了。現在說一下宇宙展示的事物自然規律。

事物展示的自然規律，是一種無相展示的事實存在，又或者說，事物展示的自然規律是一種看不見的感知世界。換句話說，事物展示的自然規律，不是感官認知的範疇。而是奎師那知覺範疇的客觀存在。這個客觀存在——亦即奎師那知覺的展示（簡稱知覺）。正所謂「萬事物裏藏知覺」。這個「藏知覺」就是指主奎師那以其「知覺」展示在萬事物的規律中。藏，意味著你看不見祂，而祂看得見你。所謂你看不見祂，就是那個「知覺」展示在萬事物的規律中。所謂祂看得見你，就是當你違反了那個「知覺」的自然規律時（即背道），祂就給你一個因果懲罰。

那麼，我們怎麼理解這個客觀自然規律與祂的知覺關係呢？所謂客觀自然規律，就是不被人的感官意識所轉移的內部固有規律；當人們的感官知覺面對客觀事物時那種空間知覺——就是奎師那知覺，當人們的感官思維認識面對客觀事物時那種不以人們的意志為轉移的——就是物質自然規律。換句話說，客觀事物之「空間知覺」（**即奎師那知覺**）——是應對靈魂的一種超然知識，客觀事物之「物質自然規律」——是應對感官頭腦的一種理解知識。也就是說，超然知識也好，理解知識也好，都反映在人的感官與事物現象和客觀自然規律的認識上。怎麼理解呢？就是說，當人的認識——在「奎師那知覺」層面上，他處事的態度必然是客觀性的（**即與事物的自然規律相對應**）；當人的認識——在「物質知覺」層面上，他處事的態度必然是主觀性的（**即與事物的自然規律相背道**）。這種因果的必然，便說明了萬事物裏藏著一個宇宙程序。這個宇宙程序，它就像我們的電腦程序通過設定的指令序列——去執行、處理和接收信息一樣。也就是說這個宇宙，是通過上帝奎師那設定的知覺指令序列，執行在物質展示和物質運作上。所以，宇宙程序實質就像一部宇宙大電腦。只不過此電腦與彼電腦不同的是：我們生活上的電腦程序開發者是人腦，而宇宙程序的開發者是上帝奎師那。

我們都知道，電腦是沒有眼睛的，但它為什麼能識別錯誤呢？那是因為設定好的程序反應。這個程序反應，就像一只專門識別錯誤的眼睛——知道你操作錯誤。它就像藏起來的一只無形眼睛——三百六十度看著你，而你又看不到它，你看到的只是一臺電腦或界面，而實際與你互動的，是那個電腦的程序。如果放到宇宙程序上來理解的話，萬事物裏的那個自然規律，就是相當於一部大電腦的宇宙程序，它反映在人類生活的事物發展效應中，而我們的感官眼睛是無法看到它。但只要你違反了這個「程序」，你的生活自然不順——出問題，或遭譴自然界的懲罰。所以，這個宇宙程序，實質是一種知覺程序。也就是那個物質自然規律。

電腦出錯的提示界面，我們是可以看得到或知道的。當然要懂看才行啦，否則，因電腦出錯而死機。同樣，日常生活中違反了物質自然規律的提示，如果沒有人提醒或我們沒有知覺性的話，我們違反了也是看不到、知不道；以致自食其果都懵然不知，然後產生一系列的因果報。因果報——是來世之報，自食其果——是當世之報。所以，因果報也好，當世報也好，這都是主奎師那的知覺——所設定的宇宙程序效應——自然規律。也就是說，在日常生活中，我們所面對的任何事物——都不能離開那個固有的自然規律來行事的。否則，我們的生活就要遭罪。因此，我們修行就是為了提高這個認知能力——知覺性。

主奎師那就是這知覺程序。主奎師那就是這萬事物裏藏的知覺。主奎師那就是這部宇宙大電腦。誰瞭解了這部宇宙大電腦，誰就能玩得轉，並在人生期間不會「程序出錯」而跌入因果報。這就是萬事物裏藏知覺的真相。即物質自然規律之宇宙知覺程序。

那麼，我們怎麼面對或認識事物固有的自然規律呢？這是修行上細行的一個課題。然而，這個細行呀，實質又是一個心法行。即心到、緣到、知覺到這樣一個過程。它與認識事物固有的自然規律有什麼的關係呢？剛才說了，事物固有的自然規律，相對感官知覺的認識過程，實際是一個空間知覺。這個空間知覺，我們的感官眼睛是無法識別的。也就是說，當我們看到，或遇到一件事情的發生，首先是經由心意產生主觀意象；這個主觀意象，便形成了人們所謂的「眼見為實」的一種邏輯思維理論。然而，「眼見為實」

往往都是事物固有自然規律的表象，並非真相。這種表象認知，恰恰說明心意在物質層面上是一種感官認識，非知覺認識。只有知覺認識，才能應對那個事物固有的自然規律（**即宇宙知覺程序**）。說到知覺認識，就是那個細行的心到、緣到和知覺到之「三行到」。那麼，「心」行到——就是用心修行的意思（**簡稱心行**）；「緣」行到——就是指用心去實踐細行而面對生活中的人和事（**簡稱了緣**）；「知覺」行到——就是指心法行的結果（**簡稱平常心**）；也就是說，我們的細行要用心修，才能行到。當行到，我們就能今生前世的業緣了了；當我們今生前世的業緣了了時，就是「三行到」——即知覺了；當知覺到位時，我們看問題就不會停留在物質層面之感官認知上。而是在智性的層面上。這樣層面的人，即使在處理問題上看錯了或背離了自然規律，也不會懵然不知的，他會知錯即改。因為這個知覺的心，是超越主觀意識之個人情感和個人偏見而常處在事物的客觀上。也就是說，這個自然規律（**即宇宙知覺程序**），是展示於超越主觀意識的客觀認識中。所以，只有知覺心，才能真正對應自然規律（**即宇宙知覺程序**），不受「眼見為實」的假象所蒙蔽。我們修行——就是要修這樣的一個知覺認識，透過生活觸碰的人和事——去細行我們的心意。

我們怎麼地細行呢？就是善用心意嘛，即去修正心意的那個「意」，使其與知覺心契合。那麼，在善用心意這個細行中：人和事——是細行的對象，善用心意——是細行的內容，法理知識——是細行的砝碼，知覺心——是細行的結果。在這一系列善用中，人和事——是這自然規律（**即宇宙知覺程序**）的外相或現象；善用心意和法理知識——是這個外相或現象的透視鏡。怎麼說呢？細行不外乎就是透過物質自然規律的現象，去認識或找出事物固有的本質或真相。使我們在面對或處理問題時，不會因物質的假象而無法超越感官的自我意識，然後成為「識」的儲存。

所以，在整個細行裏，善用心意和運用法理知識的相輔相成——是至關重要的。它是心到、緣到、知覺到的必然條件。如果沒有運用法理知識所修習的善用心意，必然是在感官活動的意識層面中。這樣是很難透視事物的真相的。為什麼呢？因為日常生活中的人和事，都會讓我們的心態產生波動。這個波動很容易使人失去心理平衡。如果在不平衡的心態上——去看待當下的人和事，必然處在主觀意識上——使我們離事情的真相越來越遠。其結果就是，我們受日常生活中的人和事所困擾的痛苦，都會不自覺地轉嫁到他人身上，或自暴自棄。這是世俗人的生活常態，也是人生痛苦的根源——無知無明。所以，只有運用法理知識去善用心意這樣一種客觀心態，才能透視事物的發展規律，從而善待好生活上的人和事。這就是善用心意——超越感官自我的主觀意識之修為。

之所以說法理知識是砝碼，就是法理知識——它可以平衡我們的心態，使我們的心意在平和狀態下——去客觀地看問題。這種客觀狀態下看待問題，就能心到，緣到，知覺到。我們如何做到客觀狀態下看問題呢？首先法理知識要充實，才能不被主觀意識所蒙蔽。要知道，一件事情的走勢，往往是隨著人們的認知和理解中複雜化。就是說，事情的本身，雖然是客觀性的；但人們的無明之頭腦，是很容易以主觀意識來判斷事情的真相——從而掩蓋了事情的客觀性。換句話說，一個事情，當被看到或感知到，都只是那個事情的表象，或者是主觀意願所產生出來的一個感官認知的事態現象。所以不同心態的人，對事件的看法或影響，就有不同的現象或結果。

因此，事情的真相或客觀性，不是以「眼看為實」出來的，也不是感知產生的。它是一種順應客觀事態的結果。比如，人若在平常心之心理狀態下，他是冷靜、沉著地去順應那個客觀事態。這種表現的人，與客觀自然規律是相向的；其結果就是不管事情有多複雜，他最終都能看破事態——破繭而出。但人若在愚昧無知的心理狀態下，他是任性、衝動去武斷那個客觀事態的。這種表現的人，與客觀自然規律是背道而馳的；其結果就是——即使簡單的事情都會複雜化，最後一塌糊塗——不可收拾。這說明了事物的客觀性，是不以人們的意志為轉移的。什麼意思呢？就是說，事情的客觀性，不會因個人的意志和願望而改變的。而個人的意志和願望，只是事情現象的一種變化或轉移。也就是說，如果一個人沒有足夠的客觀心態去駕馭事情的話，這種變化或轉移就是一種亂象。這個亂象與客觀自然規律是背道而馳的。也就是為什麼有些時候，我們看似簡單的問題，處理起來很是一塌糊塗；這就是事情沒有被客觀對待之結果，其複雜化就是源於愚昧無知的心態。要知道，一件事情的出現，是客觀和主觀兩大因素所構成的。即客觀事件存在的本身，與主觀思想行為所形成產生的。這是一種感知現象。那麼，感知現象往往是隨著人的意願走向——而發生、而改變的。這就叫緣起。這些緣起，就是事情複雜多變的原因。也就是說，我們對一件事情的反應，都無不是由心意產生出來的一種主觀意識的行為。那麼，既然主觀意識——是由心意產生的。那我們是不是也可以善用心意來調整心態——去達致平常心呢？也就是說，在平常心之下——所對應的事情，就是一種客觀心態了嘛；當客觀心態對應客觀規律時，就是順應客觀自然規律了嘛。否則，一切的緣起，都會成為我們的後有，並伴隨著我們的一生和來生。

我們常說「善待因緣」，就是善待生活中的人和事——緣起緣滅。這就是我們細行的本意。而「善用心意」，就是運用法理知識——去透過現象看本質。這就是細行的根本。這些細行能活用在生活中，就是心到、緣到、知覺到——即心意狀態處於平常中。此時，一切事情都會在你的平常心之下——緣起緣滅。也就是事情沒有被你的主觀意願所左右，而是歸於你的平常心之下——緣起緣滅於客觀自然中。怎麼理解呢？就是當一件事情在我們面前出現，你以平常心去面對它時，你會發現這只是一個生活現象，沒有什麼大不了。即使與你有關，你都會淡然處之，安之若素地化繁為簡——歸於客觀自然中。所謂歸於客觀自然中，就是順著事態的自然規律，以客觀心態去認識當下發生的事件來處理問題。這樣的處事方式，就不會有「後有」了。沒有「後有」就等於當下緣滅了嘛。這就叫緣起緣滅。

在生活上的緣起我們是不可避免的。就是說，緣是要了的。但我們用客觀心態去面對它時，事情就不會那麼複雜了；所有的緣起，都滅於你的明白中。其實，事情的複雜和個人紛爭，只緣於一個無明。人如果明白了，就能化解一切。所以，運用法理知識來修心很重要。因為善用心意，不是說善用就能善用的，「善用」意味著要有心法知識去發生你的明白。沒有心法知識的人，是無法自明的。這個明白與客觀自然，就是萬事物裏藏知覺的那個空間知覺了。

所以，在細行裏，善待因緣和善用心意——是修心的主軸。法理知識——是修心的滅緣武器。我們能好好地理解和運用它，就能體會到萬事物裏藏的那個自然規律或空間知覺。它與細行中的「心到，緣到，知覺到」是一致的。

第12章

知／覺／的／體／與／相

第12章 知覺的體與相

前面講的萬事物裏藏知覺說明了，知覺——是萬事物的本體，而自然規律——是萬事物裏藏知覺的那個相。那麼，修行中那個細行的人生覺悟，與萬事物裏藏的知覺又是什麼的關係呢？

要知道，一個生命體裏，它展示著兩種知覺；一個是靈魂知覺，一個是感官知覺。在奎師那知覺理論中，「知覺」通常是指——靈魂知覺或靈性知覺和空間知覺；而在心法知識裏，「知覺」指的是——內在知覺和軀體知覺。那麼，內在知覺——又稱為靈魂知覺、空間知覺和知覺心；軀體知覺——稱為物質知覺、感官知覺和思維意識；這些稱謂在人的感官頭腦裏——所形成認知的知識，是一種思維概念的知識。所謂思維概念知識，就是那個形而下用的知識。那麼，形而下用「知識」的那個根，就是形而上道的那個「知覺」。也就是說，形而上道的知覺，和形而下用的知識；在人的生命修行中，就是那個人生覺悟——與內在靈魂知覺和空間知覺的關聯。怎麼理解呢？前面有開示過，萬事物裏藏知覺，實際是一種空間知覺或奎師那知覺。我們的細行，就是去透過萬事物這空間知覺的覺受或覺知，從而達致覺悟靈魂知覺。這過程就是形而上道知覺——與形而下用知識的空間展示。怎麼理解這個空間展示呢？所謂空間展示，就是一個知覺體。即這個知覺體，是以空間知覺——展示於細行中的覺受或覺知裏；以超然知識——展示於修心的悟境中；以快樂之果——展示於平常心之法喜中。

那麼，怎麼去理解形而上道「知覺」是形而下用「知識」的根呢？顧名思義，「根」是不展露的；也就是說，形而上的「知覺」——是不直接形而下「用」的。它要通過思維概念的知識（即形而下用知識）去覺受或覺知和體會，才能展示於那個修行的悟境上。換言之，一切用思維去理解和認識的——都是一種知識層面，不是知覺層面。那形而上的「知覺」到底是什麼呢？它就像藏在知識裏或細行裏的快樂之果。

所謂快樂之果，就是指法理知識——實踐於細行中的那種法喜充滿的體會和覺受。為什麼要說它「藏」在知識裏或細行裏呢？意思說告訴你，你要通過法理知識——去實踐於細行中才能找到的。這「知覺快樂之果」，它就像一顆種子，它的甜美都藏在它的果實裏，你要通過種植——施肥——灌溉——結出果實來，你才能嘗到它的味道。就是說，你要付出勞動才能有收穫；也就是在整個勞動過程中，你要學習如何掌握好施肥和灌溉。不然，種子雖然會長出來，但也許不一定能結果。這就告訴我們，書本上的知識只是一種概念知識，不能種出果實。

在這個例子中，書本上的施肥和灌溉就好比概念知識；你要去實踐書本上的施肥和灌溉的知識，才能種出果實。也就是說，學習和實踐要兩者兼備，才能使種子發芽、開花、結果。同樣道理，在細行中，光有法理知識，沒有細行的實踐，你是無法看到或嘗到這個「知覺快樂之果」的。你要去精進學習和踐行法理知識——灌溉於你的細行心田中，這樣才能收穫到細行裏的快樂之果。即找到藏於細行裏的知覺。這就是「平常心裏知覺藏」。所以，知覺也要經歷細行中法理知識的灌溉——「開花」——「結果」這樣的過程。然而，當它「開花結果」時，它不叫知覺，而是叫平常心。為什麼呢？剛才不是說了嗎？知覺是一個空間或一個體來的，不是一個相。就是說「知覺體」或「空間知覺」是一個不展示的存有展示。而「相」是對應感官認知的展示。也就是說，當「知覺體」展示有相時，就以書本知識之——超然知識展示，以心理狀態之——平常心展示。所以叫平常心。

那麼，「知覺」是啥呢？它是法理知識的內涵，是平常心的依托。也就是說，知覺與法理知識和平常心是一個整體。它就像你身體穿上的衣服一樣，大家接受認識你，都是把你的身體和衣服這樣一個整體來接受認識你的，不會把你的身體和衣服分開來認識。即不會要你脫下衣服來接受認識你；因為大家都知道，人是要穿衣服的。所以自然地接受穿著衣服這樣一個整體來認識一個人。然而，大家也知道衣服不是你，衣服只是依托於你身體的一個標籤形象。如果這件衣服沒有穿在你的身上，它只是一件衣服而已。這說明了什麼呢？說明了使用者（人）才是這件衣服的價值體現。也就是說，外相只是感官認識的一個標籤，內在才是這個標籤的主體。那麼，「知覺」就如同一個人的展示一樣；法理知識——就是「知覺體」的衣服，它依托於「知覺體」而展示在人的感官世界裏——叫超然知識。

然而「知覺體」，猶如一個人穿著衣服遮蔽著身體——看不到衣服裏面的肉體一樣；只看到它的外衣——法理知識，看不到法理知識裏面的「知覺體」——是什麼樣的。這就是外相和主體的關係。即「知覺體」以法理知識之相——展示著它的存在，它的作用，它的價值，並體現在修行者的理解和接受上。也就是說，當被理解和接受時，這個知覺內涵才發揮著它的作用——使其心意處於平常心之狀態下。這就是「知覺」是平常心的依托之意思。

在細行的法相中，法理知識——是平常心的外因，知覺——是平常心的內因。即內因（知覺）通過外因（法理知識）而作用，然後展示出知覺的相體——平常心。所以，我們對「知覺」的理解，不能以概念知識去理解它——是怎麼樣的。因為知覺是一種空相，不對應感官頭腦的理解。所以，一切能理解的東西，都只不過是一種知識而已，非知覺。

知覺是一種修行層面的悟境。它要通過知識的理解——至內心上的明白，然後體現在生活上和工作上處事的一種平常心之境況。換句話說，知覺

——不像知識那樣可以被看、被聽、被理解的一種心意行為，也不需要他人的肯定和認可。它是自我篤定明白——所悠然自得的快樂。知覺——是以法理知識為依據、以平常心態為體現，是修行眾生的感官認識與內在心態的覺受。即法理知識與感官思維相對應之獲得知識的一種理解，是平常心與內在心意相對應所產生內在的一種明白。

所謂找到知覺，就是純靈那個核心知覺（**簡稱知覺心**）已發揮了作用的意思。此情此景——就是「知覺道心一家親」。這是《禪知覺》裏其中的一句禪話。這首偈子是這樣的：「知覺啥東西？既不形也不相；知可道，覺為心，知覺道心一家親；知覺用心性，心性空知覺，空而不空在家中；若要聞知覺，只要反聞心；聞即受，受以覺，覺受體驗因知覺；不能言語道知覺，只能在道禪知覺」。

下來釋義一下我的知覺偈裏面其中的這首偈子，讓大家更好地去理解這個知覺的體與相。

「**知覺啥東西？既不形也不相**」什麼意思呢？就是說知覺它是無形無相的；「**知可道**」意思是——法理知識可以道聽或道傳的；「**覺為心**」意思

是——用心覺受；「**知覺道心一家親**」意思是——知（**即知識**）、覺（**即覺受**）道心（**即平常心**）三家相見。這三家相見——就是奎師那知覺了。為什麼說三家相見呢？因為法理知識雖然可以傳，可以道；但如果不用心去覺受（**即細行**），那個道心（**即平常心**）是出不來的。平常心出不來，便說明了你的「法理知識」和「心覺受」這兩家還沒有相見。如果平常心出來了，必然是三家相見的。「三家相見」亦即已找到知覺了。這就是一家親的意思。

在修心的過程中，用心學習法理知識——就是「**知覺用心性**」；用心學習達致內心明白，就是心性的一種「空」——即「**心性空知覺**」。所謂平常心，就是一種知覺心性嘛。「性」即發揮作用也。換言之，平常心就是知覺心性的一種空。「空」是什麼概念呢？是乾淨、平靜的意思。就是那些情緒、思緒和躁動的心情起不了風浪。這樣你那顆心才能如如不動。隨之而來——就是那個色、受、想、行、識這五蘊自然空掉了。正所謂五蘊皆空嘛（**即業緣了了了**）。此時就是五蘊皆空——知覺隨現。這就是「心性空」的意思。心性「空」了，就是一種知覺了嘛。所以叫「心性空知覺」。也就是，空——即是知覺，知覺——即是空，「**空而不空**」。整個意思就是空掉五蘊之影響後，得到心性的那個知覺。所以說「空而不空」。「不空」——即有知覺了嘛，就是那個知覺的存有嘛。這個知覺存有——所展示出的那個覺受，就是一種平常心了。此時，就是空掉心性之五蘊的影響所得到的「平常心」之常在——即「**空而不空在家中**」。然後就是知、覺、道三家相見了。

「**知可道，覺為心，知覺道心一家親；知覺用心性，心性空知覺，空而不空在家中**」整句話，就是指修心過程——知覺展示的來龍去脈。

三家相見（**空而不空在家中**），那是指我們修心的目的和知覺境界。如何去修呢？就是通過法理的獲取或得到心法知識後，實踐在日常生活的細行中；把心法知識灌溉於你的修行心田裏，把藏在細行裏的快樂之果（**即知覺或平常心**）修出來。這就是「**若要聞知覺，只要反聞心**」。

「**聞即受，受以覺，覺受體驗因知覺**」就是說，心法知識在細行中結出的快樂之果（**平常心**），全因「知覺體」的作用而覺受，而體驗。不是感官頭腦所理解出來的那種覺受和體驗。

「**不能言語道知覺，只能在道禪知覺**」就是說，知覺是一種空性，言語是無法表達或講出來的。只能以平常心顯露在你的生活和工作中——展露出那種圓融的處事心態。這個過程就是「**在道禪知覺**」。亦即「平常心裏知覺藏」。這裏的「藏」字又怎麼理解呢？這是一個形容詞。形容知覺像藏起來一樣，你看不到它，需要你去修（**即去找**）的意思。也就是通過用心去學習法理知識，修出內心上的明白或平常心，然後找出「藏」在靈覺裏的那個「知覺心」。這就叫禪知覺。

所以說，知覺是無形無相的。當你知道、覺道、禪道——在那種平常心的狀態下，就是知覺了。換句話說，知覺是一種平常心態；知覺是一種自我覺悟；知覺是一種超然知識之果；只要細行到位，禪道在知覺（**即常在平常中**）。這個「知覺藏」亦即知覺禪。「禪」意思是在道也——即知覺禪在平常中。

簡而言之，「平常心」即為知覺的相，「空性」即為知覺的體。也就是空即性也，性即能量也。即知覺空體內那個「性」的存有——就是一種能量。怎麼理解呢？也就是說，知覺空體本身，展示的就是知覺的能量。那麼，能量可以造化一切。這個造化——就是「性」的體現。所以「性」又謂之能量造化。整個物質宇宙——就是一個知覺能量的相體。而知覺能量——

就是其物質展示之相體的背書，支撐著整個物質宇宙。因而，宇宙內所有展示的物質之相，必然是這個能量相體的能量展示。即一切物質現象展示的背後，都因其本物質能量存在而展示。

然而，這個能量展示，相對於物質的現實世界來說，它分為空間展示和現象展示。所謂空間展示，即一個能量體的概念；所謂現象展示，就是現實生活中現象之相的概念。怎麼理解呢？空間展示之能量體的概念，就是指一切物質現象之相——都囊括在這個能量空間體裏邊。也就是說，在現實生活中的你，如果以感官之見，是無法知見這個能量空間實體的。只有知覺之「聞」，才能知曉這物質展示現象——原來只是能量體的一個相，並且它是感官世界構成的成因。

這就告訴我們，現實生活中的所見所聞，都只不過是那個能量之相。這些物質現象反映在人的感官認識上，就叫感官對象；這些物質現象對應在人的感官知覺上，就叫物質知覺。然而，這些感官對象和物質知覺，都是生命軀體展示存在的必然。因而，我們在修行上，尤其是修奎師那知覺的大法上，對其生命現象的認識尤為重要；它是關係到生命中的靈魂，如何擺脫物質樊籠而自我覺悟——使其純靈知覺得以提升。

能量之體與能量之相的認識和理解，就是靈魂覺悟的超然知識。所謂靈魂覺悟的超然知識，實際又是那個知覺能量。所以，超然知識它是一種知覺能量。今天這個「能量之體與能量之相」的題旨，便論證了「超然知識是一種認知和理解的能量知識」。這能量知識對於一個修行者而言，就是覺悟或明白的一種理解能量。也就是通過法理知識的學習，使其感官的意識——超越物質現象之相的一種理解能量。換句話說，透過物質現象之相——去瞭解和認識物質能量之本質，就是修心覺悟的修行途徑。

最後得出結論就是：物質現象之相，是感官世界的必然現象，亦是其遮蔽靈魂知覺的屏障；它既現實又虛幻，捆綁著所有的生命體——使其活在無明當中。修行就是要明白和認識——這個現實又虛幻的娑婆世界；它既是人生的一個生命舞臺，同時又是純靈知覺提升的修煉平臺。

第13章

本性與人性

第13章 本性與人性

關於本性與人性。為什麼要講這個題旨呢？因為在古史《博伽梵歌》裏，阿爾諸那在庫茹戰場所表現出來的一系列言語和行為，著實讓人看不懂。尤其在宗教領域裏的大師們，他們不明白和無法接受《博伽梵歌》裏展示的那場「庫茹之戰」。《博伽梵歌》第一章裏，阿爾諸那這樣的說：「親愛的奎師那呀，看到我面前個個都殺氣騰騰，我感到四肢顫抖，口乾舌燥，我再也無法站在這兒了；我恍然若失，心如亂麻……親愛的奎師那呀，我不希求這樣得來的王國和勝利的快樂。殺了這些進犯者，罪惡就會降到我們頭上的。這些利慾薰心的人，他們看不到戰爭帶來的後果，而我們分明知道這樣做是罪惡的。為什麼還要像他們那樣參戰呢？我們竟然想殺死自己的族人，這是彌天大罪，真的好奇怪！我寧願放下武器，不作抵抗……」阿爾諸那在戰場上這些反應和言語，在人的感官本能性——想活不想死，應該是對的。這是人性的生命本能反應。可是，為什麼主奎師那認為他不應該這樣看待這場戰爭呢？這又是反映在人的生命展示中——人性與本性的根本性認識。

那麼，阿爾諸那作為一個高等生物體（**人**），他自然也有這樣的人性生命之感官本能反應——害怕戰爭。這一感官本能反應，就是感官物質知覺的必然性。怎麼理解呢？我們應該知道，人的生命本意，是為純靈知覺提升而生命存在和生命活動的。所以，主奎師那要阿爾諸那作戰，就是從這一生命本意（**純靈知覺提升**）的生命活動去訓導他「戰場上的生死，只是生命物質現象的一個展示，而非生命本質」。也就是說，靈魂覺醒才是生命活動的本意，純靈知覺才是人性生命之核心（**即本性核心**）。換句話說，物質感官活動的必然性，只是生命展示的物質現象；而人的本性核心——純靈知覺，才是人的生命展示之內容。即人的生命活動——因純靈知覺的存在而生命，而必然。所以，人的生命本質——是具有靈物兩棲活動的本性。所謂靈物兩棲活動，就是靈性知覺活動和物質知覺活動。也就是物性（人）的生命展示——因靈性（**純靈知覺**）而存在，而展示，而高等。所以，在人的感官本能性展示中，不應忽略人的核心本性（**純靈知覺**）的存在。否則，人的生命便活於無明之中。

阿爾諸那與主奎師那的對話，看似是發生了人性與本性的衝突。其實不然，恰恰反映出人的感官本能之人性與靈魂本性——是兩個不同的生命知覺系統。怎麼理解呢？

首先，我們要知道人性是什麼呢？人性就是區別於動物體——而具有思維意識能力的個體生命之屬性。而本性呢？就其本意來說，是指宇宙之物質原則規範下——個體生命展示的本能知覺。這個本能知覺展示於生命活動時，就是其生命活動的本性；它是造物主賦予或設定於每一生物在生命期間的活動本能性（**簡稱本性**）。譬如，動物有動物的活動本性——吃、睡、交配；植物有植物的活動本性——吸納日月光華、生長、繁殖；人的活動本性，除了綜合以上兩者外，還多了一個心意。以上是物質原則展示下——各生物的活動法則。也就是在整個物質展示鏈中（**大自然、植物、動**

物和人）都得必須按其法則而生存，而活動。

那麼，動植物因為只有單一的物質本性；而這單一的物質本性，又是它們生命活動的全部。因而動植物它們是不存在迷失靈性本性的。所謂迷失靈性本性，是指不能自我覺悟。而人因為多了一個心意。所以，人比其他生物的本性活動較為複雜。它的複雜在於——心意之靈物兩用——所構成的那個活動性質。也就是說，人在生命活動期間，若心意常處於物質的愚昧狀態下，人就很容易迷失那個靈性本性。所謂靈物兩棲活動，即純靈知覺和物質軀體之兩棲生命活動性。也就是說，人的活動本性分為——靈性和物性；靈性本性——就是指純靈的知覺性，物性本性——就是指物質軀體活動本身。也就是人的生命活動本性，除了物性軀體活動外，還包括純靈知覺性的活動。

在人的生命靈物兩栖的活動展示中，「物性」是指人的生命活動本身（簡**稱為人性**），「靈性」是指純靈知覺本身。那麼，純靈知覺本身——就是其本性活動的核心，生命活動本身（**人性**）——就是其本性核心的活動者。怎麼理解呢?從生命本性的屬性上說，就是指先天所具有或與生俱來的一種生命屬性。對一個生命體而言，與生俱來的生命本性，就是指生命展示的活動本身。因此，必然的物質軀體活動——就是其先天所具有的生命活動。所以，不同的物質軀體活動，便有不同的生命屬性。如動物的生命活動本性——就叫動物性，植物的生命活動本性——就叫植物性，人的生命活動本性——就叫人性。這就是物質生命本性的含義。

然而，從主奎師那的游離知覺（**生物**）的知覺性來看，物質生命的活動本性——是為了純靈知覺的提升。我們都知道，一個物質生命的存在或活動，乃是它的靈魂知覺使然；沒有靈魂知覺，一切生命不復存在。因而，靈魂知覺是一切物質生命展示的核心。

所以，純靈知覺要提升，必其靈魂知覺先覺醒。那麼，靈魂知覺的覺醒，又必然於心意的靈性知覺活動。這整個活動過程，就是其靈物兩棲之活動。

也許大家會問，動植物它們有否核心本性呢？又如何地體現呢？答案：是有的。凡是生物體都有靈魂。因為靈魂是一切物質生命存在的核心。那麼，靈魂知覺便是一個物質生命體活動的動能。所謂核心本性，實質就是靈魂知覺。所以，動植物它們同樣有著核心本性。只不過動物和植物的核心本性，在它們的生命本性活動構成中，因為只有物質性的本能活動，而沒有靈物兩用——這一心意功能的配備。所以，它們的一生，就只有單一的物質性活動這一部分，沒有靈性活動這部分。對於動植物這單一的物質性活動來說，其本性活動——就是它們的物質生命本身。所以，在它們的生命活動期間，核心本性（靈魂）便不能體現靈性活動。因而，它們的核心本性（靈魂）只能一直沉睡於它們的物質活動中，直至它們的生命結束；然後，靈魂又回歸於梵世界——等待下一個輪回。換句話說，動植物的靈魂本性，不能在其生命活動中自我覺醒；只能輪轉為人——這一高等生物體時，才具備靈性活動。這是因為它們單一的生命活動結構所致。

而人因為具有靈物兩用的心意功能，所以在本性活動中，人便可以靈物兩用之雙性活動。什麼叫雙性活動呢？就是指靈性活動和物性的活動。也就是說，人的本性，不單是指心意和思維這一物質屬性（即人性），還有純靈這一靈質屬性（即純靈知覺性）。也就是人的純靈知覺性（即核心本性活動）——就是靈魂知覺覺醒，人的本能性活動（即人性活動）——就是感官心意活動。

然而，人的整個感官活動，是分為內感官「心意活動」，和外感官「行為活動」。那麼，內感官心意——就是外感官行為活動之因。這就是人與動植物的單一活動本性的不同之處。也就是說，人的一切活動都因心意而動。所以，管好心意很重要。人的心意如果全用在物性活動上，而忽略靈性活動時，這就叫本性迷失。亦即心意沒能用在靈性修行上，使靈魂在有生之年不能覺醒。那麼，當人的靈魂不能覺醒時，他是一種什麼的生命狀態呢？他的靈魂同樣沉睡於他的意識中——隨著生命結束而墮入物質世界之六道輪回。這樣的人生，就像動物的生命一樣。所以，人要是不想六道輪回，靈魂就必須要覺悟。

人與動物之所以不同，就是人是可以靈魂覺悟的。然而，靈魂覺悟靠的是什麼呢？靠的是心意的靈性導向；而心意的靈性導向靠的是，感官活動之接受超然知識。也就是，外感官通過心意知覺而活動，心意透過外感官修行活動而靈性作為。那麼，人的感官活動之外因與心意活動之內因相互動，就是其人性生命的靈物兩棲活動。也就是說，心意要透過外在感官的修行活動，才能導向靈性知覺；當人的心意導向靈性知覺時，靈魂就得以覺醒；靈魂覺醒了，純靈知覺才得以提升；純靈知覺提升了，靈與魂之間便自然脫離——即靈魂徹底解脫。這是人性之感官活動，與本性之靈魂解脫的生命實相。

人之所以靈魂要覺醒的另一個原因，那是因為造物主給人類配置的心意所必然。否則，靈魂就會迷失。這就是人的核心本性在生命期間或生命之年不能自我覺悟的生命境況。相對其他生物體，如動物，它們只有吃、睡、交配和繁殖這唯一的生命活動本性。所以，動物不存在本性迷失這一說。

那麼身為人，我們要好好地珍惜今生人世。只有得一個人身，才能擁有心意去修心，實現純靈知覺提升（回歸）。純靈知覺提升（回歸），是當今奎師那知覺體系的思想核心和修行理念。

那麼，《形而學用》就是為了那些珍惜今生人世修心的修行人而面世的，它是《博伽梵歌釋義》普世的見證經典。今天，為什麼要用這麼大的篇幅去闡述人性與本性呢？就是因為當今的人們，沒有正確的人生理念。對靈魂知識不甚瞭解。因而，被人性的那種物質觀念，遮蔽了自身的本性知覺。也就是人性的那種物質觀念——已成為了他們生活的全部。

然而，人性不應該是只有物質生活這一面，應該還有靈性修行這一面。

作為一個修奎師那知覺的修行者，如果不去認識核心本性——純靈知覺。他的修行就是白修。現在，我們搞清楚了本性，再來談人性就比較清晰了。

本性與人性的區別在於：一、本質性的不同；「本性」屬於靈質展示——即純靈本身，「人性」屬於物質展示——即物質感官本身。二、知覺活動性的不同；「本性」展示於純靈知覺活動，「人性」展示於物質知覺活動。三、生命展示形式的不同；「本性」是先天本原——即生命知覺或靈魂知覺，「人性」是後天生命——即感官和心意活動。然而，本性與人性它們既統一，又獨立。所謂本性和人性的統一，就是外應內合。怎麼理解呢？就是前面所說的「外感官——通過心意知覺而活動。內感官心意——透過外感官而作為」。也就是，外感官的活動——應之心意；內感官心意的靈動——合之靈魂這樣的「外應內合」之統一性。

那麼，本性與人性的獨立性，又怎樣的體現呢？本性在人的生命展示中，其先天本原（即純靈），以靈魂存在於軀體內——作為生命知覺的核心本性；雖然人的感官物質活動可污染靈魂，但其核心本性（純靈）是不會受污染的。受污染的只是魂氣。怎麼理解呢？也就是因為魂氣，既是生命之氣，又是純靈知覺之媒，它遍於全身。所以，魂氣很容易受生命的色、受、想、行、識這五蘊的影響而被污染。（關於靈與魂於人身體裏的各自功能，在「因果制約」這一篇章裏有詳盡）

然而，只要人的心意在某個時刻嚮往修行——接受靈性導師或靈性知識，並去明白或超越色、受、想、行、識之五蘊的困擾；在這樣的人性之物質知覺活動下，魂氣自然就乾淨不受污染。魂氣乾淨，意味著純靈知覺本性得以發揮。也就是說，純靈之本性獨立，是不會因感官物質知覺活動而失去它的本性知覺的。只要人性之心意活動嚮往修行，其人性之心意知覺，就不會因感官物質活動而失去它的靈性導向功能。換言之，修行——接受靈性導師或靈性知識，魂氣便可以得到淨化，從而超越於感官活動帶來的物質污染。這就是本性和人性在人的生命活動裏的獨立性之體現。

那麼，本性、人性和性格它們之間又是如何的關係呢？本性——是生命的核心知覺，人性——是本性之物質生命活動，性格——是人性的具體表現。它們三者的關係是這樣的，所謂人性，就是本性生命展示的一個物質生命活動者。這個「者」，意思是指一個個體生命。那麼，一個本性生命所展示的人性活動者，必然與本性純靈有關的。也就是說，純靈必然是人性活動者的核心知覺。否則，人的生命便不能成立。

那麼性格——它是人性（**即後天生命**）的具體表現。所謂具體表現，就是指個人生命的一種活動特徵，主要表現在人的心意思維活動上。然而，人的心意又很大程度上，與社會意識形態和道德規範有關。因而，隨著這些社會因素和個人生活境況的影響，人便有了自己的生命觀或人生觀。這些生命觀或人生觀，便形成了個人的一種生命定格——即個人的思維特徵。這種思維特徵——就叫性格。即是人性個體思維活動的一個總稱。這個思維特徵（**性格**），是一種物質意識形態來的，與本性知覺沒有太大的關係。

性格，其實是人性的後天生命特徵而已，不是生命特質。那麼，生命特質是什麼呢？就是指人性之具有心意活動本能的生命本質。

所謂人格，就是人的心意功能，它來自於至尊人格性。人格性的「性」即創造的意思，是人格展示的源頭。也就是說，至尊人格主祂的人格「性」創造了「人」這樣的一種個體生命，並定格於心意是其個體生命的活動本性。換言之，人的心意功能，便是人生命活動之「格」（**即人的生命特質性**）

叫人格。「人格」還有一層意思，就是指人具有覺悟奎師那知覺的能力。

那麼，生命的活動特質（**即心意活動**）和生命的活動特徵（**即個人性格**）——都屬人性生命。而生命的活動特性（**人格**）——是屬本性生命。

在人格與人性的生命展示定義中，人性生命——是人格的相，純靈知覺——是人格的內涵（**即本性**）。那麼「人格生命」是指覺悟奎師那知覺，「人性生命」是指感官心意的思維活動。也就是說，人之所以能夠修行覺悟奎師那知覺，就是因為人具有人性這一生命特質的心意——去接受靈性知識，並能夠與人格之純靈知覺外應內合。換言之，人格展示於人性生命的活動本意——就是覺悟奎師那知覺的。

然而，人在整個生命中，由於人格純靈知覺（**本性**）這部分，無法展示於人們形而下用的那個知識上。因而，人們有些時候，就很容易把人格等同於人性。當然，人性固然是人格生命所展示的活動特性（**即具有感官心意功能**）。但這活動特性，只不過是區別於人與動物的活動屬性不同而已（**即人必然具有人性的**）。然而，這是從生物的生命屬性而定義的。從社會制度和道德規範而論，人是否必然具有人性的呢？舉個例子，假如一個人殺了自己的親人，在社會道德規範看來，顯然是沒有人性的。那麼，「人必然有人性」這句話，在這個時候就顯得蒼白無力了。所以，「人性」這個語素表達，從現實社會看來，它代表著社會道德規範的一個概念名詞。因而人性不能等同於人格（本性）。也就是說，一個人的犯錯，只是說明他的人性淪陷；其本性人格並沒有因犯了錯，而改變了。也就是當他受到懲罰和譴責時，他能馬上認識到自己的錯誤並且悔改時，就是他的人性本質（善良形態）所現。這人性本質，就是人的人格本性特徵。所以，人性與人格（本性）是不同的。也就是說，人性和性格這個語素是概念上的名詞表達，它是應對感官頭腦的。換句話說，人與社會所構成的語言和概念——都是服務於感官思維的。因而，人性和性格這些語素都與感官思維和社會的意識形態有關。所以說，「人性」是社會活動共性的一個用詞，「性格」是個體性的一個用詞，人格（本性）是知覺性的一個用詞。

在這個例子中，可以說，人性與知識教育和文化素養有關。本性是不可改變的——即它與知識教育和文化素養無關。也就是，人性是後天生命現象——即具有思維意識能力的個體生命。這是人區別於動物的根本性——

就是人可以進行修心活動。這就是人與動物的生命目的和生命本意的不同。如果說，人搞不清自己的生命目的和生命本意的話，他的心意功能，只是完成了他的物質性活動。也就是像動物一樣——終其一生於物質活動上。這樣的人，是枉於一生的人。

所以，人格與人性不是同一個概念。人格，它不但具有心意功能這一屬性，還具有覺悟奎師那知覺本能這一屬性。這是奎師那知覺體系的知識與普通知識的不同之處。即奎師那知覺體系的知識，是直指人的靈魂，剖析人的心靈世界。

「人格」之所以具有覺悟奎師那知覺本能這一屬性，乃是人格的純靈知覺性。這一純靈知覺性，來自主奎師那的游離知覺，並於其個體生命的本性活動中。所以，覺悟奎師那知覺是必然的。純靈知覺回歸也是必然的。

純靈知覺提升——就是其生命展示的因由，人的生命本意——就是為純靈知覺回歸而活動。這是人格展示的生命內涵。亦是人活著之生命的目的和意義。

一個人的生命展示存在，正是人格生命的知覺性，而不是人性之心意。

心意只是感官活動的成因。人要明白自身的生命構成的實質性，才能超越其物質心意活動。雖然人的心意功能——是人生命活動之「格」。但心意構成之活動成因——是人的意識。也就是「意」是動因；「識」既是因，又是果。即意識是其活動成因的內容。

人之所以具有心意之靈性特質，就是因為純靈這一知覺本性。又因為這一知覺本性，人為了它而必須地要使用心意。因此，心意是為了覺悟這一知覺本性而配置的。然而，人又由於具有心意這一活動本能。因而，人就有可能變得自大妄為。

所以，今天從人的活動本性這一角度去論述心意之用，就要從根本上去認識人的本性；因為它與奎師那知覺息息相關的，也就是人的本性知覺（純靈）就是奎師那知覺——展示在人間的個性知覺（即游離知覺）之能量展示。

我們應該知道，知覺是能量的源頭，能量是知覺的具體展示。那麼，當游離知覺存在於生物體時，就是一個個性知覺；個性知覺展示於物質世界時，就是一種能量展示。從宇宙觀來說，知覺和能量是相通的。正是知覺和能量的相通，人與純靈才可能達成共識——純靈知覺提升。怎麼理解呢？就是說，能量——是知覺的展示內容，或能量——是知覺的物質展示。什麼意思呢？就是當人在修行上，通過奎師那知覺靈性導師的啟迪，靈魂知覺便會覺醒；靈魂知覺覺醒，意味著純靈就能發揮它的知覺性。這個知覺性與心意互動時，反映在心態上——就是一種知覺的能量；又或者說，心態能量之反映（**平常心**）——是純靈知覺與心意互動展示之內容。

這個互動展示就說明了，純靈知覺性與奎師那知覺靈性導師的「知覺」是相通的；純靈知覺性與心意互動展示出來的心態「能量」與奎師那知覺靈性導師啟迪的「能量」也是相通的。你說，知覺和能量是不是是相通的呢？所以奎師那知覺，當展示於人的核心本性（**純靈知覺**）上，便以一種知覺和能量——去展示祂的存在。

在物質概念的世界裏，不同的展示內容上，就有不一樣的語素概念表達。這是我們理解法理知識或心法知識時必須要跳開的。「透過現象看本質」這句名言，同樣適用於學習心法知識的。不然，我們很容易住在物質概念的現象中——成為物質主義者。物質主義者他們的物質心意——反映在心態上時，同樣也是一種知覺能量，只不過這是叫物質知覺能量。這物質知覺能量，就是人的生命物質活動的本性能量，亦即那個物質本性——意識。正是這個物質本性——意識，遮蔽著純靈知覺的核心本性，使人住在物質概念的現象中——成為物質主義者；然後迷失了自我覺悟的核心本性，最後輪回在物質世界中。

也就是當人的心意住在物質概念中時，如果沒有奎師那知覺能量，是無法超越的；沒有靈性導師的心法知識啟迪，更是無法自通自明。這是奎師那知覺在物質世界展示的必然性，也是人之靈與物兩棲修行的法則。也就是說，物質軀體——靠靈質（純靈）存在而生命，而靈質（純靈）——靠物質心意而覺悟。換言之，人的感官活動心意的取向，是決定其內在純靈的知覺歸宿；當人的心意取向於靈性知覺時，純靈便可以脫離「魂」——知覺回歸；若是心意取向於物質知覺時，純靈便與「魂」結合在一起——遊走於物質世界。

人的心意取向本身——是一種物質生命本能。所以，心意的物質取向也是必然的。人之所以無法超越物質知覺，就是因為心意本身——是一種物質知覺能量；當反映在人的心態上，便展示為一種能量態勢。所謂能量態勢，就是一種捉摸不定的能量動態。它是能量展示的一種物質現象。譬如，能量展示——有能量事物展示和能量形態展示。能量事物展示——即直接看得到的事情和物體，它是感官心意的反映對象（亦即感官對象）。而能量形態展示——就是指事物的形相或現象，它是感官心意反映的一種心態。這是肉眼看不見的一種能量展示。它介乎於靈與物之間的那個空間存有。空間存有什麼概念呢？就是人的物質感官無法辨識的事實存在。而心意，它是這個空間存有（即能量展示）的「代言人」。所以有「一切唯心造」這一說法。那麼，隨心意展示出來的一切，就是一種能量勢態。簡而言之，心意就是能量的一種展示形式。正是人具有此心意功能，人才能去修心——自我覺悟。

現在我們對人性和本性有一個全新的認識後，再來看《博伽梵歌》就明白多了。阿爾諸那戰場上的那些言行表現，是完全符合一個人性的表現。然而，從本性（純靈知覺）來看，阿爾諸那當時的言行，似乎又不符合一個統治者——維護正義去鏟惡鋤奸的表現。顯然，阿爾諸那當時是受到感官心意的遮蔽，一時迷失了方向。所以《博伽梵歌》展示於人類社會的目的意義，就是揭示人性之核心的本性（純靈知覺）。這是人類從未認識過的純靈本性與奎師那知覺——在人的生命中如何地展示存在，如何地知覺覺醒。

主奎師那通過阿爾諸那的人性表現到本性覺悟來告訴眾生，一切物質展示包括生命，都因祂的知覺而存在，而活動。物質感官心意和物質生命現象，都只不過是祂的物質知覺展示罷了。換言之，知覺——是標誌著一個生命體的活動屬性。即人是具有靈性知覺和物性知覺「兩用」的一種生命體，而動物就只有物質知覺「一用」的一種生命體。

所以，生命體是因靈魂知覺而生命存在。沒有靈魂（知覺），一切生命展示皆不可能。言下之意，一個生命體——只是靈魂（知覺）的活動軀殼，既不永恆，也獨立不了；靈魂（知覺）一旦離開，其生命體（即活動軀殼）便四大崩潰——歸於大自然之物質能量中。

在《博伽梵歌》阿爾諸那與主奎師那的對話中，從另一個角度可反映出，靈魂（知覺）——必須受靈性知識啟迪而覺醒。這是《博伽梵歌》奎師那知覺要彰顯的地方。當然，在這個故事裏面，從人性方面看阿爾諸那的言行是沒有錯的。如果從修行的角度，尤其是修心的角度，我們就得必須從人的本性去理解《博伽梵歌》的意義所在；就是要告訴人們，一切生命展示都是物質的輪回，人必須要靈魂覺悟。即純靈知覺要回歸（**亦即靈魂徹底解脫**）。

關於靈魂徹底解脫，它與佛教的靈魂解脫不是一個意思。佛教講的靈魂解脫，實際是肉體崩潰時靈魂獲得離開，而並沒有究竟解脫。這樣的靈魂離開，實際還是回歸到梵世界裏。

那麼，靈魂究竟解脫是怎樣的呢？是靈與魂徹底解脫開（**即純靈脫掉魂**）。也就是「魂」作為純靈的永恆外衣存在於梵能量中，然後，純靈回歸到靈性世界。這是絕對真理（**奎師那知覺**）與相對真理（**佛教或宗教**）不一樣的靈魂學說。那麼，相對真理（**佛教或宗教**）是教化眾生的——為教導人（**稱師父或牧師**）。而絕對真理（**奎師那知覺**）是指導靈魂覺悟的——為導師（**稱明師或指導靈**）。因此，要想靈魂徹底解脫，非靈性導師不可。因為靈性導師——是體困靈魂（**知覺**）復蘇的妙手仁心；絕對真理——是體困靈魂（**知覺**）覺醒的靈丹妙藥。

第14章

奉／獻／服／務／真／正／含／義

第14章 奉獻服務真正含義

《博伽梵歌》裏第八章第二詩節阿爾諸那問道：「誰是獻祭之主，祂是怎樣住在人的軀體之中……那些從事奉獻服務的人，怎樣才能在臨死時認識您（即回歸至高無上的永恆居所）」。「主」就此對「奉獻服務」一詞，作了簡明扼要的回答。在本章廿六詩節說：「接受奉獻服務的人並不缺少研究《韋達經》、舉行苦行祭祀、佈施、從事哲學和功利活動帶來的結果，（但）他只要作奉獻服務就能得到（奎師那知覺帶來靈魂復蘇）的一切，而且最後能得到至高無上的永恆居所」。這是對從事奉獻服務的人之活動結果的定論。也就是說，只有從事奉獻服務的人，才能回歸（主奎師那）至高無上的永恆居所。所以，「奉獻服務」是奎師那知覺的核心主題。

然而，關於「奉獻服務」，也許大家一知半解，只知其「奉獻服務」一詞的概念，認為捨己為人便就是了，不甚瞭解其「奉獻服務」的真正涵義。這是今天要論述的奎師那知覺體系的核心題旨。

那麼，「奉獻服務」的真正涵義是什麼呢？就是指生物在生命期間最基本的修行職分。按「博伽梵歌」裏說，即研習《韋達經》、舉行祭祀、佈施、苦行、從事哲學和功利活動。也就是我們說的百分之六十五的課。總而言之，就是關於人生的修行活動。主奎師那為什麼把這些修行活動，定義為「奉獻服務」呢？因為眾生的生命活動，為的是純靈知覺的提升。而純靈知覺要得到提升，就得必須是從外修到內修這樣的一個修行活動過程。即通過外修之感官行為的規範活動——使其內修的知覺提升。也就是說，外修之感官的行為規範，是其內修知覺提升的必然奉獻服務。換句話說，感官行為的規範活動，是純靈知覺提升的必要條件。這樣的活動構成，就叫奉獻服務。它是為步入覺悟奎師那知覺階梯而必須履行的奉獻服務。

因此，「奉獻服務」實質就是奎師那知覺體系修習——最基本的一個修行職分。亦即生物在生命期間的一種人生修行活動。這種修行活動，又是一種規範性活動。所謂規範性，就是必須按這樣做的意思。也就是，人這樣的一個生物體——在生命期間所要履行的一種職分。所以叫生物賦定職責。

人若沒有好好地履行或完成這一修行職分（簡稱「作奉獻服務」），人就不可能步入覺悟奎師那知覺的階梯。所謂覺悟奎師那知覺階梯，就是在人生修行中那個百分之三十五的理行二入的課程。亦即超然知識之「修心法」或奎師那知覺之「回歸法」的課程。

因此，「奉獻服務」是分為兩個等級的，一個是基本職分——指感官活動行為的「奉獻服務」；一個是覺悟職分——指靈魂知覺或靈魂覺醒的奎師那知覺，這是人生在世履行賦定職責的修行分水嶺。

那麼，基本職分之感官活動行為的「奉獻服務」和覺悟職分之靈魂知覺或靈魂覺醒，是如何理解和區別的呢？首先我們要理解好「奉獻」一詞。它即無為、無我的意思。也就是感官行為的自我規範——是無為和無我的一種覺悟體現。對於一個生物體（人）來說，理解認知無為和無我，是基本職分之感官活動行為的「奉獻服務」，也是步入覺悟職分之靈魂知覺或靈魂覺醒的關鍵。因為人的生命特徵「我」的存在，往往遮蔽著生物體的靈魂知覺。

所以，正確理解和認識這個「我」和面對這個「我」，才能於「我」的存在而做到無我。所謂人的生命特徵「我」的存在，就是指人的心意處於情欲形態的物質知覺意識中——那個自我為中心的「我」。當然，這個「我」（**物質軀體**）它的存在，也是生命展示的必然。沒有它，人的生命也不復存在。在「本性與人性」的篇章裏論述過，人是一種靈與物兩棲的生命體，有著人性生命之感官本能——所反映的物質知覺傾向的必然性。所以，當人的意識缺乏靈性知識時，情欲形態之物質知覺意識的「我」——便成為他的人生主軸。這時，他的感官思維全在物質意識上。這種情欲形態的「自我」，實際是一種假我。所謂假我，是相對主體（**純靈知覺**）而言的。然而，假我，既是感官行為的活動者，又是純靈知覺提升的服務者。怎麼理解呢？

假我，實質是心意活動的一種展示。以一個物質實體展示時，就是一個生命軀體（**人**），包括他的頭腦或思維。那麼，軀體活動——是指人的感官行為，而心意活動——是指他的頭腦或思維。也就是說，假我，它分感官行為（**外在展示**）和感官心意（**內在活動**）。這個外與內，既是統一，又是獨立。所謂外與內的統一，就是內在（**心意**）活動——必然見於外在行為之物質主義活動。所謂外與內獨立，就是內在活動——不見於外在行為的物質主義活動。怎麼理解呢？就是當心意活動在物質意識層面時，他的感官行為活動——必然於物質追求。這時，這個假我就是一個物質活動者；當心意活動在智性層面時，他的感官行為活動——不執著於物質追求，而是他的心意活動——獨立於內在覺悟。這時，這個假我就是一個提升純靈知覺的服務者。所以，假我，實質是生命展示的心意活動者。它是相對於內在純靈知覺這個活動主體而展示生命活動的一個物質軀體的「我」。這就是假我的原由。即人的生命特徵「我」的存在。

我們對假我要有辯證的認識，才能不被假我蒙蔽；以便物質軀體活動的「我」（假我）服務於內在純靈知覺主體的我（真我）。這就是我們平時說的以假修真。

人的生命特徵「我」的存在，使其心意活動趨向智性層面，這就是其感官行為規範的目的。換句話說，從有為（感官行為）到無為（奉獻服務）——就是感官行為的自我規範。所以說，假我和自我本身，都是一個心意活動者。只是這個心意活動者，當停留在物質意識時，那個「有為」的感官活動——才叫假我；當趨向智性層面時，那個「無為」的心意活動——就叫自我。

有為活動也好，無為活動也好，這都是對心意活動而言的。所謂奉獻服務，從本質來說，目的是純靈（自我）知覺的提升。因此，感官活動行為的自我規範——是純靈（自我）知覺提升的基本要素和職分。超然知識的學習——是感官行為自我規範的手段。也就是說，超然知識的學習和自我行為規範，就是對純靈（自我）知覺的提升所作的奉獻服務。怎樣理解呢？就是說，奉獻服務本身是一種行為活動。通過這一行為活動之超然知識的學習和自我行為規範，就能達致純靈（自我）知覺的提升。只有純靈（自我）知覺提升，才有純靈知覺活動可言——即知覺奉獻服務。

所謂純靈知覺活動，就是靈魂覺醒——心意導向靈性知覺。那麼，超然知識和自我行為規範，就是心意導向靈性知覺的活動手段。當心意導向靈性知覺時，一切活動都處於知覺狀態上（即智性層面）；當心意處於智性這個層面時，就是心意與知覺心（純靈）得到契合之時。即我們所學習到的法理知識——便可轉為知覺能量。這知覺能量，就是其純靈知覺的提升能量。

這個過程就是純靈（自我）知覺活動——亦叫「接受奉獻服務」。即接受超然知識的自我行為規範——去達致「服務」於純靈（自我）知覺提升的一種奉獻服務。這是感官行為之心意活動的最高境界。是步入覺悟奎師那知覺的修行階梯。這就是「接受奉獻服務」的修行境況。

而研習《韋達經》、舉行祭祀、佈施、苦行、從事哲學和功利工作等世間的活動，是修行中最基本的奉獻活動——叫「作奉獻服務」。它與「接受奉獻服務」有什麼不同呢？接受奉獻服務的「接受」，意思是超然知識的學習和自我行為的規範。它是純靈知覺提升的一個修行條件。就是說，你必須接受它，才能達成這一知覺活動。那麼，「作奉獻服務」的「作」呢，意思是無條件的；只要是人，就得從事這一最基本的奉獻活動。即研習《韋達經》、舉行祭祀、佈施、苦行、從事哲學和功利工作等這些世間的活動。

然而，在這一系列的修行活動中，其感官行為都經由心意——作用於意識的。因而，心意——是奉獻服務的內因，行為——是奉獻服務的外相，純靈——是奉獻服務的對象。也就是說，一切奉獻服務活動，都由心意的導向而產生活動的結果。當心意導向智性層面——以一個知覺服務者時，其奉獻服務——就在「無我」的活動中滿足於純靈（自我）的知覺提升；但是，當心意苟同於物質意識的「我」（即假我）時，其奉獻服務就在「有為」的「我」之中。

「有為」的奉獻服務，實際是一種感官活動。它不是「滿足純靈知覺提升」的奉獻服務。為什麼呢？因為物質意識的「我」——實質是一種假我。也就是說，當心意處於物質意識時，它的服務對象——必然是物質感官。而物質感官，它是純靈知覺的一個生命展示而已。相對純靈知覺之生命展示主體，物質感官（軀體）只是生命主體（純靈知覺）的一個生命外相或生命載體。換句話說，物質感官（軀體）活動，只是其純靈知覺的一個生命現象。顧名思義，生命現象——即短暫的或非本質的。所以，對於生命本質（純靈知覺）來說，物質感官（軀體）的生命現象，固然是一種假我展示。雖然這個假我展示活動，也是純靈知覺（自我）提升的一個必然的生命感官活動；但是，當心意處於物質意識時，這樣的感官活動——是很難作奉獻服務的。

所以，我們要正確去理解假我的本質，才能用好假我。不然，物質活動

——便成為你整個生命展示的活動對象。屆時，你的生命本質（純靈）必定被這個生命現象的假我遮蔽，從而無法在本生命期間得到知覺上的提升；因而隨著本生命完結時，純靈又與「魂」結合為靈魂——回到梵界，然後等待下一個生命輪回。換句話說，當人的心意處於物質意識或它的服務對象是物質感官時，就只有一種感官心意活動，而不會是奉獻服務。所以，只有心意在擺脫物質意識的「我」之「無我」狀態下的活動，才是《博伽梵歌》裏說的奉獻服務。

人的生命本意，是為了純靈知覺提升的。所以，純靈知覺才是其生命本體的真正自我。因此，感官心意活動在整個展示中，只能是一種假我意識活動。怎樣理解呢？也就是說，假我本身，是心意展示的一個物質生命個體而已；當心意導向物質意識時，假我意識活動必然成為人的生命認知——「我」的存在。即物質軀體生命化的一個「我」。正是這個物質生命化的「我」，遮蔽著純靈知覺的真正自我——使人活在無明中。人之所以痛苦的根源就在於此。當然，沒有假我的存在，人的生命亦不復存在。

所以，假我是物質生命的原生態。假我既是人的感官思維活動載體，亦是純靈知覺提升的修行載體。總而言之，「假我」是純靈知覺提升的一個修行個體。正所謂「假因真而活動，真於假而覺悟」。這就是以假修真的原委。

然而，在整個生物體的展示中，假我（物質軀體）只是一個客體，而非生命主體。怎麼說呢？「假我」的一切活動，都因生命主體（純靈）而存在，而活動。「存在」——指的是內在心意，「活動」——指的是外在感官。在整個生命展示活動中——靈主內而魂主外。這是靈魂在人的身軀裏——所展示的一種知覺形式。怎麼理解呢？（在「因果制約」這一篇章裏有詳盡論述）。

靈與魂它倆都同屬於主奎師那的知覺。但是，此知覺「靈」（即純靈）與彼知覺「魂」是有所不同的。「靈」（即純靈）是主奎師那的內在能量之游離知覺，「魂」是主奎師那的外在能量之精微物質知覺。「魂」在人的身軀裏，是起到純靈與靈性導師或靈性啟迪——相連通的知覺橋樑作用。也就是所謂「魂」主外的意思。那麼，「魂」作為生命展示的知覺橋樑，感官——就是它的假我活動者，心意——就是其假我活動的知覺者。怎樣理解呢？也就是說，心意是這知覺橋樑的活動主導者——它可導向靈性知覺和物質知覺。當導向靈性知覺時，「魂」與靈性導師或靈性知識就可以連通；當導向物質知覺時，「魂」因受物質意識的影響而不能起到——作為知覺橋樑的作用。即不能與靈性導師或靈性知識相連通。換句話說，假我（**心意**）是有兩個層面的；一個是意識層面之感官活動者（**物質知覺的**），一個是智性層面之知覺活動者（**靈性知覺的**）。

所以，「魂」在假我（**心意**）的兩個層面下，它是被動的。這就是為什麼靈魂本身不能自我覺悟；它需要在假我（**心意**）的智性層面下，才能服務於純靈。在此，我們應該理解到「奉獻服務」它也是兩個部分——奉獻和服務。即有奉獻，才有服務可言。就是說，人的心意奉獻於靈性知覺時，才是奉獻服務之活動。

那麼，怎麼理解這個「心意奉獻於靈性知覺」呢？就是當人追求靈性知識時，他對物質追求不感興趣而放棄一切物質意識的擁有之念；當人放棄了一切物質意識擁有之念時，就是一種心意奉獻。這時人的心意自然趨向靈性知覺。

放棄一切物質意識的擁有之念，無疑是對靈魂有利的。也就是假我（**心**

意）因放棄物質知覺而趨向靈性知覺——就是為靈魂作的奉獻。亦即「魂」不受物質意識的污染而自發著它的知覺橋樑——服務於純靈。這時的純靈便得以靈性知識而自明。所謂自明，就是得到知覺能量的意思。這就是靈魂解脫的實相。

奎師那知覺體系的靈魂解脫，是靈與魂必須各自達成的契約。即「魂」必須得到假我（**心意**）的知覺奉獻，才能服務於「靈」（**即純靈**），而不是靈魂離開身體這一生死現象就是靈魂解脫。顧名思義，生死現象，就是「生」——即靈魂於軀體中，「死」——即靈魂於梵界中。這一生與死，便說明了靈魂並沒有解脫，只是生命輪回在一個生與死的現象中。在「因果制約」這一篇章裏，關於靈魂與生命現象便有詳盡。

所以，「魂」的乾淨與否，或「魂」能否實現它的知覺橋樑，就在於我們心意上的奉獻，而非行為上的奉獻。當然，在整個「奉獻服務」中，物質知覺活動也是一種奉獻。但這是初級的奉獻。怎麼說呢？嚴格上，初級奉獻只是一種奉獻活動而已，並不算奉獻服務活動；這樣的奉獻，充其量是基本職分的感官活動。也就是在《博伽梵歌》裏定義的「作奉獻服務」——即研習《韋達經》、舉行祭祀、佈施、苦行、從事哲學和功利工作等世間的活動。所以說，「作奉獻服務」是指整個感官活動過程。即指完成以上研習《韋達經》、舉行祭祀、佈施、苦行、從事哲學和功利工作等世間的活動。然而，在這一奉獻服務中，心意在追求靈性知識或接受靈性導師時，才是一種心意奉獻。這樣的心意奉獻，即《博伽梵歌》裏定義的「接受奉獻服務」。也就是接受靈性導師或靈性知識。

在奎師那知覺體系的修心課程上，接受靈性導師或靈性知識，是知覺奉獻的關鍵。然而，接受靈性導師或靈性知識，不是嘴巴或感官上的行為接受，而是內在知覺上的奉獻。即「無為」或「無我」的心意奉獻。也就是感官行為的自我規範——從「有為」（即感官行為）到「無為」（即知覺奉獻服務）。

人的生命中，靈與魂的知覺契合，是關乎到純靈知覺的提升。換言之，只有「魂」的知覺橋樑作用，純靈才得到超靈的知覺能量而得以知覺上的提升；只有純靈知覺提升，才是真正意義上的奉獻服務——叫奎師那知覺奉獻。

之所以主奎師那強調奉獻服務，那是因為純靈知覺——是祂的游離知覺。那麼，純靈知覺的提升，意味著生物——從游離知覺的邊際能量——回歸到主體能量中。也就是純靈知覺回歸。這就是主奎師那強調奉獻服務的目的意義。

因而，假我（物質軀體）作為物質生命的原生態，外在感官活動與內在知覺應用，就體現在靈與魂的主僕關係上。這種主僕關係——是踐行於心意與「魂」的知覺契合上。即對主奎師那的一種知覺奉獻。這就是主體（純靈）與客體（物質軀體）的生命展示實相。

我們在修行上，尤其是修奎師那知覺的大法上，對其生命現象的認識尤為重要。它是關係到生命中的靈魂如何擺脫物質假我——使純靈知覺得以提升。

也許有人會問，如何判斷當下的活動——是假我活動還是無我活動呢？我告訴大家，假我活動與無我活動，不是用判斷來定義的。因為當我們去判斷時，就是假我活動本身。因此，在修心的過程中，無須去判斷它是否「假我」或「無我」。因為我們在生活當中，一切活動都經由心意去展示那個假我活動，包括思維和意識。因而，那個判斷本身就是「有為」的。而「無我」是不在「有為」中。再者，人的感官是物質自然三形態造化下的物質產物。所以它的活動必然體現於假我活動上。加之假我，又有兩個活動層面——物質層面和知覺狀態層面。這個知覺狀態活動層面，在物質感官看來，它就像知覺活動似的。這裏我明確一下，知覺狀態層面與知覺層面是有點不一樣的；知覺層面一般是指靈性知覺活動，而知覺狀態層面是一種知覺活動現象（**亦即物質知覺活動**）。言下之意，現象是一種動態活動，它會變化的。所以，這種知覺狀態層面的活動，就是一種假我狀態下的知覺活動。因而，我們很難以感官來判斷是「無我」活動，還是「假我」活動。只能看自己的心態。換句話說，我們不需要去知道當下是「假我活動」還是「無我活動」。只要心境處在平常中，就說明你在自我規範下。這一自我規範，就是「無我」的一種表現。即你的內心有一種悠然自得的快樂感。這種快樂感讓人不會執著一切，平淡自然地面對當下的工作和生活，這樣的心境——就叫平常心，即無我狀態。在「無我」狀態下，「魂」自然不受物質假我的污染而發揮著它的知覺橋樑作用。此時，純靈知覺就得以提升。這就叫「無我」活動。

之所以要在無為或無我狀態下，純靈知覺才能得以提升。這是因為人的生命（純靈）主體，在物質軀體（即客體）的感官活動中——常以「我」的存在。因而，遮蔽著生命主體純靈的知覺性，使其無法發揮它的覺悟功能，或無法彰顯它的知覺性。所以，要是使純靈知覺性的提升，必須是在無我的狀態下——達致心意與「魂」的知覺契合。

第 *15* 章

知／覺／載／體

第15章 知覺載體

生物是主奎師那的游離知覺，亦是知覺的載體。即宇宙知覺的個體展示。在靈性世界，個體知覺展示——叫純靈體；在物質世界，個體知覺展示——叫生物體。然而生物體，是所有生物之生命狀態展示的泛稱。這裏有個關鍵詞「知覺展示活動」。什麼叫「知覺展示活動」呢？即具有活動能力的心意活動。

「知覺展示活動」與「知覺展示」不是一個概念。「知覺展示」即說明只是以生命展示，而沒有知覺的心意活動能力。也就是說，不是所有生物體都具備知覺展示活動的。比如動物，就只有感官意識活動，沒有心意知覺活動。即不具備知覺載體的活動能力。所以，知覺載體，實際是指人類這一生物體裏的靈魂知覺。那麼，人類這一生物體——就叫知覺活動載體。

為什麼人類這一生物體叫知覺活動載體呢？因為人類這一種生物體，既是一個知覺展示的物質體，又是一個知覺回歸的活動載體。即具有覺悟奎師那知覺的生物個體。之前有開示過，生物體與生物不是一個概念。生物——是物質展示的一種游離知覺。生物體——是宇宙展示生生不息的物質能量。在「痛苦根源與物質自然」的篇章裏，生物能量、生物梵和物質自然之間的關係已作了詳盡的論述。我們可以去重溫一下，以便更好地下來理解：生物體它與知覺能量和知覺物質能量（**簡稱物質能量**）在生命中——如何作為知覺活動載體的？生物在生物體（**即物質生命**）展示裏——它是何樣相體的？生物體（**人**）他又是如何體現為知覺活動載體等一系列的知覺話題。

生物與生物體，它倆既是物質宇宙不可缺一的造化能量，各自又是宇宙知覺能量運作的知覺因子。怎麼理解呢？我們都知道，宇宙的創造與造化，無非就是知覺與能量。即知覺創造物質，物質能量造化萬事物。也就是宇宙萬事物——來自於知覺與能量的相輔相成之作用而產生的。那麼，宇宙的知覺因子和能量因子——就體現在人的這一生物體上。所以，人是一個知覺活動載體。

顧名思義，知覺活動載體——即關於知覺能量與物質能量的「場」。換句話說，本體知覺與本體物能——相互作用的一個生命知覺活動場。簡而言之，知覺載體——就是指靈魂知覺；知覺活動載體——就是指知覺能量實體之人的生命體。

知覺能量實體之人的生命體，它的活動意義和修行目的，就是其知覺載體的活動內容。即關於身心之性與命的修行。怎麼理解呢？性之心——則知覺也，身之命——則能量也。什麼意思呢？就是說身體之命——為物質展示的生命現象，性命之心——為物質展示的內涵。所謂性命雙修，即通過生命修身之現象，揭示和瞭解生命展示之內涵——這樣一個知覺認知的修持過程。也就是生物之生命展示（**即生物體**）、生物體之活動展示（**即感官知覺**）和感官知覺之活動場（**即知覺活動載體**）這三者之間知覺能量的修行關係。修性乃修心——知覺也；修命乃修身——能量也；身心能量護修持——心性也。這樣的性命修行，就是知覺能量的辯證關係。

那麼，生物體與知覺能量和物質能量，如何在生命中——作為知覺活動載體去展示這個性命雙修的呢？首先我們應該知道，人是一個二元生物體。即靈魂之靈性和心意之物性的知覺活動兩重性的生物體。也就是說，在人的生命裏，靈性知覺（靈魂）是作為人生命知覺活動的核心知覺；物性知覺（心意）是作為推動人的感官知覺的活動知覺這樣一個二元活動體。

所謂知覺活動兩重性，即靈性和物性的知覺活動能力。這個活動能力——主要體現在「物性知覺」的心意活動上。怎麼理解呢？也就是說，靈性活動和感官活動——都得靠物性知覺（心意）來推動的。換句話說，一切感官活動之果——都因其「物性知覺」之心意而產生。即心意之「物性知覺」作用物質感官時，可產生「物質知覺」活動和「靈性知覺」活動。所以，「物性知覺」心意，是決定著人的感官活動——是物質知覺活動還是靈性知覺活動的。

什麼是物質知覺活動呢？就是感官活動之物質意識化。所謂物質意識化，即生命的活動意識——全都在為物質生命而生命，其生命的活動結果——輪回於物質世界中。那什麼是靈性知覺活動呢？就是靈魂覺醒之知覺修行活動。即生命的意識——是為了靈魂覺悟而生命，其生命的活動結果——就是為了純靈知覺的回歸。也就是說，物質意識化的生命活動，是使人跌入物質的輪回中；靈性修行的生命活動，是使靈魂（自我）獲得覺悟。你看，同是「物性知覺」（心意）的感官活動，其兩種生命活動結果就截然不同。這就說明了「物性知覺」之感官心意，是一個靈與物兩用的知覺因子。它不但起物質因果作用，還起靈性知覺互動作用。即心意（物性知覺）推動感官知覺時——可產生靈性知覺活動或物質知覺活動。這一靈物兩用的知覺作用，便反映出感官心意——它是一種「物性知覺」，而不是物質知覺。怎麼理解呢？

「物性知覺」與「物質知覺」是有區別的。「物性知覺」是主導物質感官活動的一種知覺性；「物質知覺」是感官知覺的一種物質活動，兩者不是一個活動範疇。也就是說，「物性知覺」是一種「能動」表現，它是產生活動結果的。即可以產生靈性知覺活動的結果和物質知覺活動的結果。而「物質知覺」是一種「能量」表現，它是根據因緣聚合而形成物質現象。如生命現象和感官活動現象。

所以，心意是人之二元性活動的知覺活動因子。即生物體（**知覺活動載體**）的運作因子。這個知覺活動因子，與宇宙知覺能量因子是一致的。怎麼理解呢？比如，宇宙知覺能量因子，是宇宙萬事物的運作因子——它推動著宇宙運行的；心意知覺活動因子，是人之二元性生物體的活動因子——它推動著感官活動的；只是一個是大宇宙的活動因子，一個是小宇宙（**身體**）的活動因子。小宇宙（**身體**）與大宇宙中的個體知覺活動因子，它們是關聯的。所以，宇宙知覺能量中，展示的運行因子之個體知覺能量（**叫生命能量或物質能量**）；它在人的生命裏，通過感官展示出——物質知覺活動和靈性知覺活動。這就是心意之物性與感官活動之兩重性。為什麼我們要理解人之二元生物體這一兩重性的關係呢？因為它關係到我們的人生觀——是為物質生命而生命還是為靈魂解脫（**修行**）而生命。奎師那知覺修行大法，就是要靈魂解脫（**修行**）而生命的。所以，我們務必要認識到人的生命源頭——來自奎師那知覺能量展示的「物質自然」。也就是說，「物質自然」的虛幻能量——是其物質生命的現實存在；宇宙知覺能量運行之個體知覺因子（**心意**）——是其生命活動的知覺動能；物質感官——是其生命展示的靈與物兩知覺的活動載體，亦即生物體（人）這一知覺活動載體的活動內容。在這一知覺活動載體的活動內容中，感官心意——是知覺活動載體的活動因子；靈魂自我——是知覺活動載體的活動對象。

那麼，知覺載體——就是關於靈魂（自我）之純靈知覺的提升。知覺活動載體——就是關於靈魂之純靈知覺修煉提升的「場」（即人的軀體）。為什麼人的軀體叫場呢？那是對純靈知覺修煉的一個場景的形容。因為純靈知覺的修煉，務必要在人的軀體裏才能得以修煉提升。「場」意思是具有能量場態的地方，而人的軀體就是一個生命能量場。所以，人的軀體就是個體靈魂知覺能量提升之地（叫場）。

另外，又因為靈魂，是這個知覺載體的原因，所以知覺能量，就是這知覺載體（靈魂）的動力。也就是說，在人體這身軀裏，純靈知覺要提升回歸，靈魂這個知覺載體就像火箭發射一樣，先儲蓄知覺能量才能發射。那麼，這個儲蓄能量之地（身軀）——就叫場；儲蓄能量到發射這個過程——就叫修煉提升（即純靈知覺回歸）。所以把這個身軀形容為「場」，就比較直觀地理解——原來人的身軀就像一個知覺能量的收發之地。即通過心意的知覺活動，使其「靈魂這個知覺載體」儲蓄知覺能量。

那麼，宇宙知覺能量的個體展示，就是指個體靈魂在人的生命中——所展示的知覺和能量。知覺——即靈魂本身，能量——即靈魂覺醒本身。也就是說，知覺和能量——都體現在人的靈性修行的靈魂覺醒上。

所以，純靈知覺要提升，必須是靈魂先覺醒；靈魂先覺醒，就得必須靠知覺能量來喚醒。那麼，靈魂如何得到知覺能量來喚醒呢？那就是通過靈性導師的知覺能量音振和超然知識的啟迪，然後靈魂與其達成知覺共識。也就是說，靈魂知覺與能量音振和超然知識相互動作用——產生的一個能量通道。這個能量通道，就是其靈魂的知覺能量輸入的通道。所以，靈魂知覺覺醒或純靈知覺提升，就是關於知覺能量通道的打開。換句話說，只要我們修行得到知覺能量，純靈知覺便得以提升。顧名思義，知覺提升，知覺能量必然是其提升的能源動力。換言之，知覺載體，必然是載知覺能量的。不然，就不叫知覺載體了。所以，知覺載體——實質是指靈魂的知覺能量修持，知覺活動載體——實質是指人生修行之知覺能量的修持活動。

知覺載體和知覺活動載體，在修行中如何體現的呢？知覺載體——即靈魂本身。知覺活動載體——即感官活動本身。在奎師那知覺的修行中，純靈本身——體現在靈魂知覺中，感官活動本身——體現在心意知覺中。說白了，知覺活動，就是修行中心法部分——即加行法。所謂加行，即理、行二入之無為法（關於加行法的理解「知覺與能量梵」這篇章裏有詳盡）。這是奎師那知覺大法的修行核心，也是整個修行法界的主心骨。即主奎師那游離知覺之純靈知覺的回歸法。

之所以靈魂叫知覺載體，就是因為純靈知覺要回歸。所謂知覺載體，就是靈魂像一個知覺能量倉——儲備著知覺能量；當達到一定的知覺回歸能量時，靈魂裏的純靈就像火箭發射一樣升空——回歸靈性世界。

那麼，靈魂這一知覺載體是怎樣儲備知覺能量的呢？這就關係到心意的靈性導向之作用了，使其感官的知覺活動載體——處在靈性活動中。其修行表現——就是於理、行二入之無為中，通過感官活動之外修的自我行為規範，接受靈性導師的啟迪和精進修習超然知識之「接受奉獻服務」的內修知覺活動。

所謂內修知覺活動，就是把我們所學習到的法理知識——轉為知覺能量。也許我們會關心地問，法理知識怎麼去轉為知覺能量呢？當然，這是一種內在的機制啦，不是人為地去轉換。也就是說，只要我們誠心、謙卑和精進往內修。這時，你的心意就是一種知覺——叫知覺心。這「知覺心」的「用」，就是法理知識轉為知覺能量了嘛。什麼是「知覺心」的「用」呢？就是純靈知覺與心意知覺——達成共識時。即超靈的知覺能量通道被打開。此刻，純靈的知覺載體（**靈魂**）便源源不斷獲得知覺能量。這知覺能量，就是其靈魂載體的「發射」能量，亦即純靈知覺的回歸能量。這就是知覺載體（**即純靈知覺回歸**）的實相。

本部瑜伽哲學經典，被稱為「啟悟靈性智慧的甘露」

WP173

形而學用

作　　者／**無尼寺**老師
MOYAN CULTURE web : https://moyancm.com

出　　版／**才藝館**（匯賢出版）
地址：新界葵涌大連排道144號金豐工業大廈2期14樓L室
Tel : 852-2428 0910　　Fax : 852-2429 1682
web : https://wisdompub.com.hk　　email : info@wisdompub.com.hk
出版查詢／Tel : 852-9430 6306《Roy HO》
書店發行／**一代匯集**
地址: 九龍旺角塘尾道64號龍駒企業大廈10樓B & D室
Tel : 852-2783 8102　　Fax : 852-2396 0050
facebook : 一代滙集　　email: gcbookshop@biznetvigator.com
版　　次／2023年6月初版
定　　價／(平裝) HK$149.00　　(平裝) NT$580.00
國際書號／ISBN 978-988-75521-8-5
圖書類別／1.哲學　2.宗教

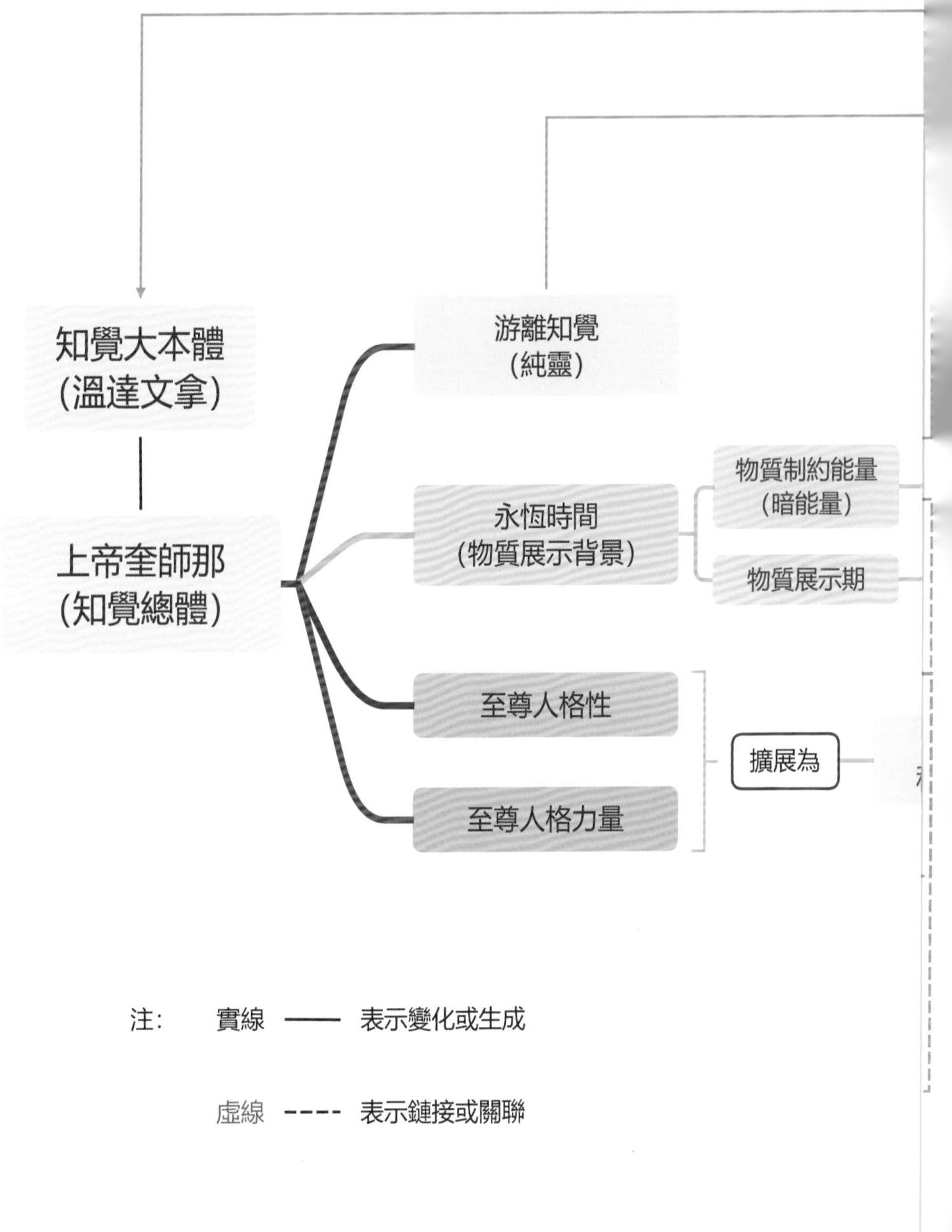
知覺大本體
(溫達文拿)
上帝奎師那
(知覺總體)
游離知覺
(純靈)
永恆時間
(物質展示背景)
物質制約能量
(暗能量)
物質展示期
至尊人格性
至尊人格力量
擴展為
注:
實線
表示變化或生成
虛線
表示鏈接或關聯